Xinshidai Gaoxiao
Kecheng Sizheng Jianshe Yanjiu

新時代高校“课程思政”建设研究

张卓 ◎ 著

中央民族大学出版社
China Minzu University Press

图书在版编目（CIP）数据

新时代高校“课程思政”建设研究 / 张卓著. --北京：中央民族大学出版社，2024. 7. --ISBN 978-7-5660-2394-0

Ⅰ. G641

中国国家版本馆 CIP 数据核字第 20244G7J70 号

新时代高校“课程思政”建设研究

著　　者　张　卓
策划编辑　舒　松
责任编辑　舒　松
封面设计　舒刚卫
出版发行　中央民族大学出版社
　　　　　北京市海淀区中关村南大街 27 号　邮编：100081
　　　　　电话：（010）68472815（发行部）　传真：（010）68932751（发行部）
　　　　　　　　（010）68932218（总编室）　　　　（010）68932447（办公室）
经 销 者　全国各地新华书店
印 刷 厂　北京鑫宇图源印刷科技有限公司
开　　本　787×1092　1/16　印张：13. 25
字　　数　200 千字
版　　次　2024 年 7 月第 1 版　2024 年 7 月第 1 次印刷
书　　号　ISBN 978-7-5660-2394-0
定　　价　65. 00 元

前　言

当今时代之变，社会之变，正以前所未有的方式袭来，国际竞争加剧，人才争夺激烈，各类思潮涌现，大学生作为国家建设人才，其思想政治教育工作也面临着新的形势。强化大学生思想政治教育，不仅要充分发挥思政课程的显性育人作用，也需要充分激活课程思政的隐性育人效能，以师资队伍为主力，聚力课程建设主战场，延展夯实课堂教学主渠道。课程思政是思想政治教育的重要板块，是以课程为基础，在传授知识、培养能力的过程中融入价值引领，对以往思想政治教育不足之处的补充，是新时代我国教育改革与发展中的重要理论改革与实践创新。

本书集理论与实践于一体，将全书分为六个章节。第一章基础性地概述了课程思政的内涵与形成、目标与价值、理论基础与教育原则，以及遵循的逻辑。第二章陈述了高校课程思政的育人功能，包括高校课程思政发挥育人功能的必要性、特点、原则与规范，以及育人功能发挥路径。第三章与第四章对高校课程思政的内容体系建设、机制构建进行了全面而深入的剖析。第五章在探讨高校课程思政的实施策略时，提出了强化课程思政认识、探索课程思政规律、优化思政师资建设、加大思政资源开发的参考性建议。第六章在高校课程思政评价体系建设中介绍了课堂教学评价、学生发展评价、教师发展评价。

课程思政作为新时代加强学生思想政治教育的一个重要领域，其时代要求需要与时俱进，不断提高，面临的现实问题也需要进一步突破。本书在完成过程中借鉴了部分专家观点、理论，由于研究能力及精力有限，书中难免存在疏漏之处，恳请广大同行及读者赐教斧正。

目　录

第一章

课程思政概述

德是人类生活和教育的重要内容和目标，这个观念历来备受重视。可以从三个方面来深入了解德育发展，分别是“何以为德”“育何种德”和“以何育德”。

首先，“何以为德”这个问题主要是讲关于德的概念和内涵，旨在回答“德是什么”这个问题。德，简单来说，就是指人的品质和行为准则，它反映了一个人对社会、自然和他人所持有的态度和行为。古今中外的学者都对这个问题进行了深入的探讨，这为德育发展提供了一定的理论指导。

其次，“育何种德”则是讲关于德的内容划分与选择，关乎德的目标维度。这个问题关乎的是应该培养人什么样的道德品质。这个问题同样也被历代的学者所关注，他们通过理论研究和实践探索，为德育发展提供了丰富的内容和目标。

最后，“以何育德”是讲关于实现德育的方法和路径。对于这个问题的探讨，既有理论的思考，也有实践的探索。无论是我国的“立德树人”理念，还是西方的道德教育理论，都在这个问题上给出了精彩的回答。

进入新时代，我国提出了“立德树人”的根本任务，这是对传统德育内容、目标、方法的延续和发展。在这个任务下，课程思政被赋予了新的内涵。课程思政作为一种育人理念和教育模式，不断发展壮大，为落实“立德树人”的根本任务提供了有效的路径。它通过在各类课程中融入德育内容，培养学生的道德品质，从而实现德育的目标。

第一节　课程思政的内涵与形成

学术研究和论文写作，常常遵循着“是什么—为什么—怎么样”的逻辑线索展开探讨。这个过程逻辑和实践逻辑提供了一个系统性的思考框架，有助于研究者深入挖掘和理解研究对象。

首先，明确“是什么”是研究或论文书稿写作的逻辑起点。这是对事物的第一层认知，是对事物本质的把握。只有清晰地定义研究对象，才能进一步展开研究，避免研究过程中的偏颇和误入歧途。例如，在研究课程思政这一育人理念和模式时，需要首先明确其内涵和外延，理解其核心要义，这样才能确保后续研究的准确性。

其次，明晰“事物如何发展”的实践样态，是探索该事物今后发展方向的思考依据。这是对事物发展的历史规律和现实状况的把握，有助于研究者理解事物的过去、现在和未来。例如，在研究课程思政的演变过程中，需要了解其发展的历史背景、现实动力和未来趋势，以便对其有全面深入的理解。

最后，全面认识课程思政育人理念和育人模式的内涵、形成，是对事物的深度剖析，是对其内在逻辑和外在表现的深入探究。只有这样，才能真正掌握课程思政的本质特征，从而对其进行有效的改革和发展。

一、课程思政的内涵界定

（一）课程的内涵

“课程”一词出现的时间较早，在我国南宋时期，朱熹在其《朱子全书·论学》中就使用了这个词，例如“宽著期限，紧着课程”，在此，课程意为功课及其进程①。这一概念为后来的教育实践和教育理论提供了重要的基础。近代以来，“课程”这一概念的理解发生了变化。在国外，人们更多地从学程的角度来理解“课程”，将其定义为一门学程或学校提供的所有学程。这一定义强调了课程的整体性和连续性，体现了教育机构对学习过程的规划和组织。

对于“课程”的定义，学者们提出了多种观点。代表性的定义包括：课程是经验、课程是预期学习结果和目标、课程是教学内容和进程的总和、课程是学科和教材，等等。这些定义从不同的角度揭示了课程的内涵，为理解课程提供了丰富的视角。

课程不仅仅是一个概念，它还具有经验性、目的性、系统性等特征，使课程成为教育过程中不可或缺的组成部分。课程不仅具有内在价值，而且具有相关的外在功能。内在价值包括训练感官、传承知识、促进人格的完善等。这些价值使课程成为教育过程中的核心要素，对学生的全面发展具有重要意义。同时，课程还具有外在功能，如，社会控制、保持和传递主流文化等。这些功能使课程成为社会发展和文化传承的重要工具。

（二）思政的内涵

“思政”，这是一个在我国教育领域中频繁出现的词汇，它是“思想政治”的简称，通常用来指代专门的思想政治教育形式或课程。然而，当深入了解“思政”这个词时，会发现它具有更为丰富的内涵。

---

① 李长吉，王鉴. 中国古代课程论著作《程氏家塾读书分年日程》论鉴［J］. 北京：教育学报，2022，18（01）：68.

需要明确的是，“思政”一词有两种现实含义。一方面，它可以指代“思想政治”本身，如，常说的“思政工作”“思政课程”等。另一方面，它也可以指代“思想政治教育”，如，“思政（实践）活动”“思政（事业）职业”等。当“思政”与“课程”相连，形成“课程思政”时，它指的是“思想政治教育”，而非单纯的“思想政治”。这一点尤为重要，因为它强调的是将思想政治教育融入各类课程中，使之成为教育教学的一部分。

有学者基于精神素养研究“思政”，认为它是一种精神教化的形式。这种观点强调了“思政”的核心目的，即通过教育引导，将价值理念内化为个体的信念，外化为行为。这是一种更深层次的教育，旨在提升个体的精神素养。其核心不在于知识和技能的传授、教育，而是在于提升精神素质。这也就是说，思政教育并非只是一次性的知识学习，而是一个持续的过程，旨在引导个体形成正确的价值观，养成良好的行为习惯。

（三）课程思政的内涵

课程思政的内涵并非“课程”与“思政”内涵的简单叠加。自“课程思政”一词进入大众视野以来，教育界就对其进行了广泛的探讨和研究。然而，时至今日，关于“课程思政”的内涵仍未有统一的概念。“课程思政”作为一种新的思想政治教育探索，其认识与研究仍处于起步阶段。“课程思政”是对传统思想政治教育的一种创新和拓展，它将思想政治教育融入各类课程中，使之成为教育教学的内在组成部分。近几年的研究热潮为研究者深化“课程思政”内涵的认识，提供了重要的理论基础和认识框架。目前，学者对“课程思政”内涵的界定主要可分为以下几个方面。

1. 基于课程论的视角来理解课程思政

高德毅等人认为，课程思政的实质并非仅仅是增开一门课或增设一项活动，而是要将思想政治教育融入课程教学和改革的全过程，在潜移默化中实现立德树人①。课程思政的目标是实现知识传授与价值引领相结合，

---

① 高德毅，宗爱东. 从思政课程到课程思政：从战略高度构建高校思想政治教育课程体系[J]. 北京：中国高等教育，2017（01）：44.

构建全课程育人格局。这要求教育工作者在教学过程中，将思想政治教育与各学科知识有机结合，使学生在获取知识的同时，树立正确的价值观，形成健全的人格。

闵辉认为，课程思政是一种课程设置理念的革新，并非指某一门或某一类课程①。这需要教育工作者将各学科、课程中的思想政治教育元素充分挖掘出来，真正实现课程育人。在这个过程中，教师要善于运用教育教学规律，将思想政治教育贯穿于课程教学的始终，使学生在潜移默化中接受教育。

何玉海将课程思政的概念界定为：通过全员学生参与课程（显性课程和隐性课程），对其进行全方位、全过程的思想政治教育，促进学生的全面发展，使之成为能担当民族复兴大任的时代新人。

2. 基于教育理念的视角，认为课程思政是一种新的教育理念

邱伟光认为，“课程思政”是新的思想政治工作理念，它通过思政化的专业课程向学生传授专业知识、进行价值观教育，强调课堂教学、社会实践和网络运动的统一②。

3. 基于教学论视域来理解课程思政的内涵与要义

陆道坤指出，“课程思政”将思政教育融入课程教学的全过程，通过“隐性思政”和“显性思政”的功用、课程，构建全课程育人格局③。

4. 基于“思政”与“课程”的关系来解读课程思政

有学者认为，“课程思政”为思政、课程两个概念的组合，但并非两者的简单合成，两者组合在一起焕发出了全新的意义。在这里，思政是中心词，特指思想政治教育这一社会实践活动。而课程则作为修饰语，包含了所有课程内容。

这就要求在教育教学过程中，无论是什么课程，都要始终坚持将思想政治教育融入教学之中，使之成为学生获取知识、发展能力、塑造人格的

---

① 闵辉. 课程思政与高校哲学社会科学育人功能［J］. 上海：思想理论教育，2017（07）：22.

② 邱伟光. 课程思政的价值意蕴与生成路径［J］. 上海：思想理论教育，2017（07）：11.

③ 陆道坤. 课程思政推行中若干核心问题及解决思路——基于专业课程思政的探讨［J］. 上海：思想理论教育，2018（03）：64.

重要载体。这种方式既保留了课程本身的特征，又实现了思想政治教育的目标，使学生在学习专业知识和技能的同时，也能够接收到深刻的思想政治教育。

5. 基于课程思政与思想政治教育的关系来剖析课程思政的内涵

有学者认为课程思政旨在将思想政治教育元素融入各门课程，对学生产生潜移默化的影响，从而实现立德树人的教育的根本任务。具体体现在以下几个方面。

首先，课程思政的本质在于，遵循立德树人的原则，注重学生世界观、人生观和价值观的教育。在我国教育全面深化改革的进程中，培养具有正确价值观、道德观和人生观的学生，是关乎国家和民族未来的重要任务。课程思政正是立足于这一使命，将思想政治教育贯穿于教育教学全过程，使学生在学习知识的同时，树立正确的世界观、人生观和价值观。

其次，课程思政的目标是为社会培养德智体美劳全面发展的人才，培养中国特色社会主义事业的合格建设者和可靠接班人。在新时代背景下，我国发展面临着前所未有的机遇和挑战，对人才培养提出了更高的要求。课程思政应运而生，旨在通过全面提高学生的思想政治素质，为国家和民族的发展培养和输送一批批有理想、有道德、有文化、有纪律的社会主义事业接班人。

再次，课程思政的理念遵循协同育人的原则，实现各类课程与思想政治理论课的同向同行。长期以来，我国教育过于强调知识的传授，而忽视了学生价值观的培养。课程思政倡导各类课程与思想政治理论课相互配合、相互促进，形成协同育人的良好局面，使学生在学习专业知识的过程中，潜移默化地接受思想政治教育。

然后，课程思政的结构是实现知识传授、价值塑造和能力培养的立体多元统一。课程思政强调将政治认同、文化自信等思想政治教育导向，与各类课程固有的知识、技能传授有机融合，使学生在掌握专业知识的基础上，提高综合素质，培养创新精神和实践能力。

最后，课程思政的方法是显隐结合，将思想政治教育融入教育教学全过程。课程思政倡导在教学过程中，教师要善于运用辩证唯物主义和历史唯物主义的思维方式，发掘各类课程中的思想政治教育资源，使学生在学习过程中自然地接受思想政治教育。

二、课程思政的相关概念辨析

（一）课程思政与思政课程

1. 两者的不同

（1）概念范畴的不同。课程思政是每一门课程都要实现其育人作用的总体要求，是引导学科有效利用其自身的思想政治教育职能，构建“全课程育人”模式的一种新时期教学观念。“思政课程”是以“思政”为核心的，也就是对学生开展思想政治工作的“课程”，它与学科课程具有相同的含义，是“学科”的代名词。换句话说，课程思政旨在将思想政治教育贯穿到所有课程当中，实现全课程育人。相比之下，思政课程则专注于学生正确政治意识的培养和理想信念的树立，通过它能实现立德树人根本任务。因此，在两者的概念范围内，课程思政的涵盖范围要比思政课程涵盖的范围更广。

（2）二者概念中所指的“思政”内容存有差异。课程思政的“思政”是以思想价值导向为主，注重在各学科中强化政治自觉、思想价值观引导。而思政课程的“思政”则是以思想政治理论教育为核心的。在《关于进一步加强和改进高等学校思想政治理论课的意见》中指出，高校思政理论课是高校开展马克思主义理论教育的重要组成部分，也是高校开展思想政治工作的主要途径。

（3）二者的课程特点和思想政治教育优势不同。思政课程包括一切具体课程，如，思想政治理论课，其鲜明的意识形态属性，使其成为思想政治教育的显性课程，在大学生的思想政治教育中具有重要的作用。马克思主义理论是思政理论课程的核心支撑，这使得它在系统马克思主义理论和思想政治理论教育方面具有较大优势。通过深入浅出地教授马克思主义理论，思政课程能够帮助大学生树立正确的世界观、价值观和人生观，为我国培养具有社会主义核心价值观的社会主义建设者和接班人。思政课程的特殊性使其可以对学生进行全面覆盖，发挥出大学思想政治教育主渠道作用。

而课程思政下，不管是专业课还是通识课，其思想政治教育元素都是隐性的，通过这些隐性元素对大学生进行思想机制引领。通过专业课、通识课贴近学生专业，促进思想政治教育渗透性等方面的独特优势，将思想政治教育融入专业知识和技能的学习中，使学生在专业成长的过程中，自然地接受思想政治教育的熏陶，实现思想政治教育与专业教育的有机融合。

2. 两者的内在联系

（1）任务和目标。课程思政和思政课程的共同目标是，基于立德树人根本任务，将学生培养成为中国特色社会主义事业的建设者和接班人。在我国社会主义事业发展的进程中，需要一代又一代有志于为国家富强、民族振兴和人民幸福而努力奋斗的有志青年。课程思政和思政课程通过理论教学与实践相结合的方式，引导学生深入了解中国特色社会主义理论体系，培养他们的社会责任感和使命感，使他们成为具备正确政治立场、政治观点、政治信仰的社会主义事业建设者和接班人。

（2）方向和功能。马克思列宁主义和中国特色社会主义理论作为我国社会主义事业的理论基石，为课程思政和思政课程提供了深刻的理论指导。在当前教育体系中，课堂教学被视为主要的教育渠道，各类课程都要与思想政治理论课同向同行，形成协同效应。这意味着，无论是基础课程还是专业课程，都要坚守自己的责任田，为培养具有社会主义核心价值观的新时代好青年贡献力量。在此基础上，课程思政和思政课程将马克思列宁主义、中国特色社会主义理论的精神内涵融入教育教学之中，使之成为学生成长成才的必修课。

（3）内容和要求。课程思政与思政课程在育人内容和要求上有很高的耦合性。二者均致力于发挥思想政治教育的功能。在我国，思想政治教育是人才培养的重要环节，课程思政与思政课程在这一环节中起着至关重要的作用。二者相互补充，共同构建起全面的思想政治教育体系。

在教育内容上课程思政的内容比思政课程更广泛、更多样。思政课程主要通过显性的思想政治教育课程来进行，而课程思政则在此基础上，将隐性教育也纳入其中。二者的相互作用，使得“全员、全过程、全方位”育人得以更好地实现。

（二）课程思政与专业思政

新时代全国高等学校本科教育工作会议中首次提出了“专业思政”的概念，这标志着我国思政教育的重大突破。在新时代背景下，我国高等教育逐渐走向内涵式发展，专业思政作为高校结合专业教育、专业特质开展的贯穿教育教学全过程的思政教育，日益受到广泛关注。专业思政就是将专业学习和专业发展结合起来，以专业学习和专业发展为基础，以思想政治教育为导向，达到课程思政和思政课程有机结合的目的。

尽管两者有着内在的关联，但二者又有着本质的不同。其不同之处是：专业思政带有浓厚的专业色彩，更多的是以专业教育为载体，挖掘专业课中的思政元素，把思政内容融入专业学习之中。但课程思政又是泛化性的，一切与思想政治教育有关的内容都能成为它的课程资源，并且不是从专业的视角出发的，也不是以专业的教育形式或领域为载体的，其教育者更不是专业的教师。

在理论层面上，两者的演绎重心也存在差异。专业思政更注重“点”，突出其效果的深入。但课程思政更注重“面”，突出体系化的功能。二者之间的差异，让专业思政对加深学生思政内容认识起到了积极的促进作用，而课程思政又可以不在更广阔的层面上促进思想政治的体系化发展。

总之，专业思政、课程思政在实现我国高等教育立德树人的根本任务方面各有侧重，但都发挥着不可或缺的作用。专业思政注重挖掘专业教育中的思政元素，将思政教育与专业学习紧密结合，培养学生具备坚定的理想信念和专业素养；课程思政则关注更广泛领域的思政教育资源整合，构建体系化的思政教育，使学生在专业教育过程中接受思政教育。两者相辅相成，共同为培养德智体美劳全面发展的社会主义建设者和接班人贡献力量。

（三）课程思政与“大思政”

在新时代背景下，我国高等教育面临着培养什么样的人、怎样培养人以及为谁培养人的重大问题。为此，“大思政”理念应运而生，它是对传统思想政治教育方式的突破，强调挖掘和发挥所有社会事物或社会实践活动的教育因素和作用。“大思政”倡导全面整合社会、政府、高校、家庭的资源，以调动大学生自我教育的潜力。这一理念主张将思想政治工作与大学生的学习、生活、成长相结合，形成全方位、全过程、全员参与的思想政治教育格局。

“大思政”主张有机结合思想政治工作的领导架构、管理体制、机制保障等，构建多元、协同的思想政治教育育人体系。这一体系旨在将思想政治教育贯穿教育教学全过程，实现思想政治教育与人才培养的有机融合。且“大思政”具有全体共享性、育人渗透性等基本特征。因此，课程思政与“大思政”理论相近，都强调大学生思想政治教育的多元性、互通性。

（四）课程思政与德育

在我国古代的文化经典中，如在《说文解字》中，就可以找到“德”和“育”的踪影，“德，外得于人，内得于己也。”“育，养子使为善也。”这两个字都蕴含了德育的深刻内涵。然而，有趣的是，古代并没有使用“德育”这个词来表述。直到近代，人们才开始使用“训育”和“道德教育”来代替原有的“德育”概念。随着社会的发展和进步，德育的内涵也在不断地丰富和拓展。在现代社会，德育的内涵已经趋于多元。人们为了更深入地理解德育的本质，不断地进行着探索和研究。在这个过程中，德育的内涵得到了进一步的深化和拓展。

在探讨德育的概念时，还需明确一个概念，那就是德育的广义和狭义之分。广义的德育包括了思想教育、道德教育、心理健康教育、集体主义教育等。而狭义的德育则是指学校中专门的道德教育。这种区分有助于教育工作者更好地理解和实施德育。

关于德育的本质，至今仍没有一个统一的定义。目前，学术界对于德育的本质有四种不同的观点，分别是宏观德育论、中观德育论、微观德育论和层次德育论。这四种观点从不同的角度对德育进行了分析和解读，为人们理解德育的本质提供了丰富的视角。宏观德育论认为，德育是一种社会现象，反映了一个社会的价值观、道德观；中观德育论则认为，德育是人与人之间相互作用的过程，包括道德规范的传授和道德行为的养成。微观德育论则强调德育的心理机制，认为德育是个体心理发展的重要组成部分。层次德育论则提出，德育是一个分层次进行教育的过程。

德育是教育的重要组成部分，它由道德认知、道德情感、道德行为三者有机结合而成，这三个要素在德育过程中发挥着不同的作用。道德认知是德育的基础，它是人们对道德规范的理解和掌握；道德情感是德育的动力，它是人们对道德价值的认同和感悟；最后，道德行为是德育的实践，它是人们对道德规范的实际行动。

德育应基于生活，这意味着德育不是脱离生活的抽象教育，而是紧密结合生活的实践教育。只有这样，德育才能真正起到作用，使学生在现实生活中做到言行一致，知行合一。

德育的实施可以用“一个矛盾、两个转化、三个要素”来概括。“一个矛盾”是指由教育者按照特定的社会目标，通过某种方式和途径，对受教育者进行社会道德规范教育，从而形成的社会道德规范体与受教育者思想品德基础不相适应的矛盾。它既是德育挑战性和针对性的反映，又是教育者的责任意识和受教育者的自觉性体现。

“两个转化”包含两个层面：内化与外显。内化就是个体对外界环境的接纳与排斥，并将一定的社会思想准则和道德规范转变为自身品德的过程。它要求教育者通过引导学生深入理解道德规范，形成自我认同。外化就是教育者怎样按照社会对青少年思想道德规范的要求，有目的、有计划地进行教育，从而使青少年形成良好的品德。它要求教育工作者具有较高的教育素养和道德素养。

“三个要素”包括教育者、受教育者与德育活动。教育者是德育的实施者，他们肩负着引导和促进受教育者思想品德发展的重要任务。受教育者是德育的接受者，他们通过与教育者的互动，实现道德认知、情感和行为的提升。德育活动是教育者和受教育者互动的载体，包括课堂教学、实践活动、心理健康教育等多种形式。

课程思政与广义德育的内涵相近，两者都致力于引导学生思想品德朝正确方向发展。它们的核心组成部分包括思想政治教育、道德教育、思想品德教育等，并强调通过“内化”与“外化”的方式来实现教育目标。然而，尽管两者有着相似的内涵，它们的受教育对象却存在明显的差异。课程思政主要面向的是大学生，这一阶段的学生已经具备了一定的思维能力和独立思考能力，可以通过深入的课程学习，来实现思想政治教育的目标。相比之下，德育更倾向于青少年或未成年人，这一阶段的教育更注重通过日常行为和道德规范的引导，培养学生的良好品德。

在具体内容上，课程思政以立德树人为根本任务，明确了“立什么德，树什么人”的教育根本性问题。这使得课程思政具有时代性、阶段性和特殊性，紧密围绕我国社会主义发展的核心需求。而德育的任务则具有一定的普适性，适用于人类发展的各个阶段，其目标是培养具有良好道德品质的人，无论在何种社会背景下，这都是教育的重要任务。

此外，课程思政对“德”的深层内涵及实现路径有更明确的指示。它是基于中国特色社会主义进入新时代背景下提出的，旨在为社会主义现代化建设培养人才。这要求大学生在学习过程中，深入理解社会主义核心价值观，将其内化为自身的道德信仰，并通过实际行动外化为良好的社会行为。

三、课程思政的孕育、形成及其发展历程

社会学家布迪厄认为，人们进行分析和研究的目的之一，是揭示那些跨越历史的恒定因素，也就是在一个有明确限定且有相当长度的历史时期中，那些保持不变的结构之间的关系。这表明，要真正理解事物的发展规律，就必须深入到历史发展的脉络中去，从中寻求和总结规律，

以便更好地引导当前和未来的发展。

对于学术研究者来说，掌握追踪溯源的基本技能至关重要。这不仅可以帮助他们了解被研究事物的起始，还可以深入洞察其发展过程。布罗代尔的长时段理论指出，长时段历史也就是结构，对人类社会发展产生长期决定性作用①。这一点进一步强调了历史研究的重要性，特别是对那些关系到社会结构的研究。

有学者认为，课程思政的发展历程大致可以分为三个阶段：2004年—2015年为初步探索阶段；2015年—2017年为拓展深化阶段；2017年至今为形成发展阶段。但实际上，课程思政的根源更为久远，最早可以追溯到我国古代的春秋战国时期。本书将课程思政的发展分为三个阶段：孕育、形成和发展阶段。这三个阶段不仅体现了我国在教育领域的探索和创新，也反映了我国社会发展的历史规律。这个过程充满了挑战和困难，但同时也取得了显著的成果。通过对这一发展历程的研究，可以更深入地理解课程思政的本质，为其未来的发展提供理论支持和实践指导。

（一）课程思政的孕育阶段（古代至中华人民共和国成立前）

课程思政是由德育演化而来，所以追溯中国德育的根源即为追踪课程思政的源头。道德教育作为中国教育的重要组成部分，其根源可以追溯到古代社会。自古以来，道德教育就被视为个体成长与社会和谐稳定的基石，教师在这一过程中扮演着举足轻重的角色。他们承载着立德、修身的使命，这是道德教育的核心要义。“立德修身”的教育方式强调教育者的身教言传。教育者通过自身言行，将与社会发展相适应的价值观念、道德品质、行为规范及政治需求传递给学生。这种方式旨在引导学生将道德观念内化于个人道德行为素质之中，使他们成为有道德、有担当的公民。教育者在道德教育的过程中，不仅要注重言传，更要身体力行，成为学生的榜样。

① 李学智. “长时段”理论与马克思的唯物史观［J］. 北京：史学理论研究，2019，(02)：31—39+158.

我国自古以来就讲求道德教化，尤其是儒家思想，它主导了古代人们的行为准则。儒家倡导以礼待客、与人为善等美德，这些美德在我国历史上形成了深厚的道德底蕴。儒家思想的创立者孔子，提出教师应致力于培养学生良好的个人品质，并通过以身作则，用实际行动来影响和感染学生。在孔子的教育理念中，特别强调“礼”。他认为，一个人如果不学习“礼”，就无法立身处世。因此，他倡导每个人都应该深入了解并践行“礼”，以此为基础，构建和谐的社会关系。

在社会治理和个人发展方面，孔子强调德的重要性。在《论语·为政》和《礼记·中庸》等中，都有他关于道德重要性的阐述，例如，在《论语·为政》中记载孔子指出：“道之以政，齐之以刑，民免而无耻；道之以德，齐之以礼，有耻且格”。为了实现个人的道德修养，孔子还总结了德育的原则：立志、克己、力行、中庸、内省、改过。他认为，人们需要处理好个人与他人、社会、自然的关系。他主张通过自我修养，使个人在道德上达到一定的境界，从而实现个人与社会、自然的和谐共处。

《礼记·大学》是我国古代教育思想的重要篇章，被视为课程思政的根源。它深入阐述了被当今高校课程思政视为宗旨的理念，即弘扬德行、关爱人民和达到至善境界。值得注意的是，这一宗旨与我国当今大学教育阶段的立德树人价值目标是一致的。

汉朝时期，董仲舒对道德教育进行了深化和发展。他认为，教化是实现仁政德治的有效手段，强调德教是立政之本。这一观点在当时社会产生了深远的影响，为我国道德教育的发展奠定了基础。他还主张将“三纲五常”作为道德教育的主要内容。在道德修养方面，董仲舒提出了一系列的原则与方法。他主张确立重义轻利的人生理想，强调人生的价值在于奉献社会，而非追求个人利益。他提倡“以仁安人、以义正我”的道德精神，要求人们以仁爱之心对待他人，以正义之道规范自己。他还提出了“必仁且智”的道德情感和认知，主张人们在情感上要有仁爱之心，认知上要有智慧之力。

朱熹，作为宋代理学思想的代表人物，也极为重视道德教育，他明确提出，教育工作的首要任务应该是道德教育。他认为，德行对于人来说具有重要的意义，是人生中最基本也是最重要的品质。朱熹的道德教育理念核心在于“明天理，灭人欲”。他认为，人若要成为真正的人，就必须明白天地万物之理，进而克制自己的私欲，追求道德的完善。为此，他提出了五条德育原则（立志、居敬、存养、省察、力行），以此指导人们如何去实践道德教育。

明清时期，德育思想有了新的发展。这一时期，强调知行合一，认为道德修养的关键在于是否有远大、坚定的立志，这就取决于学生的自觉。因此，道德修养不仅要传授道德知识，更要将这些知识转化为实际行动。

到了1912年，我国著名教育家蔡元培提出了“五育”并举的教育思想。他强调，要培养国民健全的人格，就要将德育、智育、体育、美育和劳动教育结合起来。在此基础上，蔡元培针对当时社会现象，主张推行自由、平等、博爱的公民道德精神，丰富了“德”的时代内涵与意蕴。

《说文解字》中对德的诠释为：“外得于人，内得于己也。从直从心”。这句话精准地概括了德的本质，强调了道德知识的传授以及对人行为的规训、规范的影响，更重要的是，它揭示了道德转化为德性的过程。在我国的传统文化中，德被视为一种“为己之学”。这种学问的核心目标并非仅仅掌握道德知识，而是通过自我修养和提升，实现人的自我本性。换句话说，传统文化中的德是一种内在的、自我完善的追求。

德的实践过程可以概括为“内得于己，外得于人”。这一过程包含了“内外之道”，即通过自我修炼，使内在的道德品质得以显现，并通过与他人互动，将这种品质传播出去。这个过程强调了德的内外兼修，既有自我转化，也有向外衍射的内涵。德不仅强调自身的转化，也注重向他者的内在精神衍射。这就是说，德不仅关乎自我，也关乎与他人之间的关系。自我的转换和自我的实现是德的重要内容，这是德在人与人的交往中的体现。此外，德也强调将外在转化为内在品格。这意味着，人应以高尚的道德品质去面对和影响外在世界。同时，也应该通过“安人成物"来实现"修己""正己"的目的。

（二）课程思政的形成阶段（中华人民共和国成立至 2014 年）

中华人民共和国成立之初，国家高度重视人才培养工作，思政教育在这一过程中受到了极大的关注。这是因为，只有将马列主义与中国具体实际相结合，创新发展出适用于本土人才培养的思政理论，才能确保我国人才培养的正确方向。自中华人民共和国成立以来，课程思政的形成大致经历了四个阶段。

1. 从政治与思想教育到思想政治工作阶段

这一阶段的时间是中华人民共和国成立到改革开放前期。这段时间内，我国政治与思想教育的主要任务是逐步建立革命的人生观，提高人民的社会主义觉悟，培养马克思列宁主义世界观。这是一项深刻且意义重大的任务，旨在引导我国人民走向正确的道路，为我国的社会主义建设奠定坚实的思想基础。

在此阶段的相关政策文件和领导者讲话，都强调了政治与思想教育的重要性，强调将其作为教育方针的一部分。这标志着我国对马克思列宁主义的教育和传播进入了新的阶段。政治与思想教育从此成为我国教育的重要组成部分，为我国的社会主义事业提供了有力的思想支持。

例如，1964 年，《关于改进高等学校、中等学校政治理论课的意见》的发布，进一步明确了政治理论课在我国教育中的重要地位。这份文件指出，政治理论课的基本任务是用马克思列宁主义思想武装青年，进行无产阶级教育。这标志着我国对马克思列宁主义的教育进入了更深入的阶段，也为我国的社会主义事业培养了大批具有马克思列宁主义世界观的人才。

从 20 世纪 60 年代开始，"政治与思想教育"逐渐过渡为"思想政治工作"，并沿用至改革开放初期。这一变化不仅体现了我国教育理念的深化，也反映了我国社会主义事业的发展。思想政治工作的根本任务是配合学校的各项思想政治工作，反对修正主义，同资产阶级争夺青年一代，培养坚强的革命接班人。这为我国的社会主义事业提供了坚实的政治保障。

2. 从思想政治工作到德育阶段

从改革开放初期至20世纪末，我国德育工作经历了重大变革。在这一过程中，我国逐步从思想政治工作转向德育阶段。这一转变反映了我国在改革开放后对青少年思想政治教育的愈发重视。

在1978年4月，教育部办公厅印发《关于加强高等学校马列主义理论教育的意见》，这标志着我国开始恢复和重建政治理论课程。该文件强调，马列主义理论课应与其他教育方式，如，形势教育、政治工作等相结合，全方位对学生进行马列主义思想教育。这一举措旨在全面提高我国高校学生的思想政治素质，使他们成为具备马克思列宁主义立场的社会主义建设者。

在这个阶段，高校思想政治工作得到了高度重视，甚至被上升为国家层面的重大课题来推行。这种高度重视源于马克思列宁主义对我国社会的深远影响，以及它在全球范围内的价值和意义。马克思列宁主义始终站在无产阶级和人民大众的立场，全心全意为人民谋利益。这一立场是无产阶级和劳动人民的立场，是全世界最多数人的立场，从根本上说，就是全人类的立场。

这一阶段，国家颁布了一系列相关政策，如，1980年颁布的《关于加强高等学校学生思想政治工作的意见》明确提出，思想政治工作与教学、科学研究工作应紧密结合，强调了马克思主义在高等教育中的重要地位和作用。这一立场与马克思主义全心全意为人民谋利益的宗旨相一致，体现了我国高等教育的人民立场。1981年颁布的《关于建国以来党的若干历史问题的决议》进一步提出，要加强马克思主义理论研究，用马克思主义世界观和共产主义道德教育人民和青年。这一决议强调了马克思主义在培养社会主义建设者和接班人中的重要作用，体现了我国高等教育的社会主义方向。1984年的《关于加强和改进高等院校马列主义理论教育的若干规定》明确指出，马列主义理论课和学校的日常思想政治工作是相辅相成、缺一不可的有机整体。这一规定推动了“两课”建设走向规范化。1987年颁布的《关于改进和加强高等学校思想政治工作的决定》指出，要将思想政治教育与业务教学工作相结合，把思想政治教育贯穿到教学环节中去。这一决定强调了思想政治教育在教育教学中的全面融入，旨在引导学生正确认识在校学习与今后工作之间的关系，全面发展德智体，培养又红又专的人才。

3. 学科德育阶段

这一阶段的时间为20世纪90年代至2014年。这一阶段，我国对学校德育和学科德育的重视程度逐步加强，不断探索将其融入教育工作的有效途径。

1994年在《中共中央关于进一步加强和改进学校德育工作的若干意见》中，首次提出了“学校德育”和“学科德育”的概念。文件强调，建设中国特色社会主义理论应作为学校马克思主义理论教育的中心内容。这意味着，马克思主义的理论教育在我国教育领域不再局限于单一的课堂传授，而是要紧密结合实际，关注学生的全面发展。1995年，《中国普通高等学校德育大纲》进一步强化了“学科德育”的概念。这份文件要求各科教学发挥德育功能，结合教学内容和环节，对学生实施德育。这标志着我国开始全面推动马克思主义理论教育与各学科教育的有机融合，使其贯穿于教育教学的各个环节。2004年的《关于进一步加强和改进大学生思想政治教育的意见》，对高等教育的学科德育作了明确的规定。文件强调高校所有课程都具有育人功能，所有教师都负有育人职责。在这一基础上，提出要将思想政治教育融入大学生专业学习的各个环节，深入发掘各类课程的思想政治教育资源，在学习科学文化知识的过程中加强思想政治教育。

4. 课程思政的形成阶段

这一阶段的时间为2000—2014年。在此阶段，我国高校思想政治教育领域迎来了一场深刻的改革。这场改革的初步形成，以“学科德育”概念的提出为开端，标志着我国高等教育领域对德育工作重视程度的提升，以及教育教学理念的不断创新。

2005年，我国发布了《关于进一步加强和改进高等学校思想政治理论课的意见》，明确提出要改进高校思想政治理论课教育教学方式和方法，增强教学效果。这一政策举措，旨在推动我国高校思想政治教育由传统教育方式向互动式、启发式教育转变，从而提高教育的实效性。

2010 年，《国家中长期教育改革和发展规划纲要（2010—2020 年）》正式确立了“育人为本”的教育方针和“德育为先”的战略主题。这一文件的出台，明确了德育在教育事业发展中的优先地位，为我国高校思想政治教育改革提供了重要的政策保障。

2014 年，《上海市教育综合改革方案（2014—2020 年）》印发实施，出台了一系列的专项计划，明确提出“课程思政”的概念，并选择了一批试点学校进行推广。这一改革举措，将马克思主义理论贯穿教学和研究的全过程，深入挖掘了各类课程的思想政治教育资源，促进了各类课程与思想政治理论课同向同行、协同育人。自此，上海高校在课程思政方面开展了积极的探索和实践。他们以马克思主义为指导，致力于培养全面发展的社会主义建设者和接班人。这一改革不仅丰富了我国高校思想政治教育的内涵，也为其未来发展指明了方向。

（三）课程思政的发展阶段（2015 年至今）

2015 年发布了《普通高校思想政治理论课建设体系创新计划》通知，其中明确提出，要将思想政治理论课和专业课结合起来，充分发挥出课程育人的功能、教师育人的职责。这一文件的发布推动了高校思想政治教育进行深入改革。

2016 年，上海教育领域率先将“课程思政”作为命题，进行高校思想政治教育改革。此次改革的目标是构建融合多门学科的课程体系，这个立体化的课程体系设计理念，是要形成全方位的“熔炉式”思想政治教育课程模式。在这个模式下，思想政治教育不再仅仅是单一的课程，而是贯穿在所有课程中的教育理念，旨在通过全方位、多层次的教育方式，让学生在不知不觉中接受思想政治教育。这一理念的提出，源于对我国高等教育、高校思想政治教育发展要求的基本把握。在新时代背景下，我国高等教育需要与时俱进，不断创新，以适应社会发展的需求。而高校思想政治教育，作为培养社会主义建设者和接班人的重要手段，更需要积极探索新的教育模式，以更好地发挥其育人功能。

自2017年下半年开始，我国全面推广和实践了一种全新的思想政治教育模式——课程思政。这一模式以全方位育人为目标，旨在将思政教育融入各类课程中，使学生在学习专业知识和技能的同时，树立正确的价值观、道德观和人生观。

2017年6月，教育部召开2017年高校思想政治理论课教学质量年上海调研会暨高校“课程思政”现场推进会，标志着课程思政在全国范围内的深入推广。此次会议旨在推动高校思想政治理论课教学质量的提高，探讨和实践课程思政的有效途径。

2017年8月发布的《关于深化教育体制机制改革的意见》，强调要健全立德树人系统化落实机制，加强德育课程、思政课程。这一政策为推动课程思政的实施提供了明确的指导。同年12月，教育部印发《高校思想政治工作质量提升工程实施纲要》，提出要构建课程育人质量提升体系，大力推进课程教学改革。这一文件从实施主体、实施要求、目标指向等方面对课程思政进行了具体规定，形成了较为完整的系统。

课程思政的实践也并非一帆风顺，在其推进过程中也遇到了重重困难，这些具体困难包括教师思政、课程思政、网络思政等方面。教师思政面临着如何让教师在传授专业知识的同时，承担起立德树人的使命；课程思政则是在各门课程中如何有机地融入思想政治教育元素，使之成为培养学生全面发展的重要途径；网络思政则是在日益发展的网络空间中，如何有效开展思想政治教育，引导学生塑造正确的价值观。

2018年10月，教育部印发《教育部关于加快建设高水平本科教育全面提高人才培养能力的意见》，明确提出要推动高校全面加强课程思政建设。这份文件犹如一声号角，吹响了全国高校课程思政实践的进军号。文件还强调要强化所有教师的立德树人意识，使之成为课程教学的内在动力。在每一门课程中，都要有机融入思想政治教育元素，使之与专业知识传授相辅相成，形成协同效应。这样的举措，旨在让课程思政成为高校培养人才的重要组成部分。文件还提出要推出一批育人效果显著的精品专业课程，打造课程思政示范课堂，选树课程思政优秀教师。

这一举措旨在树立典型，激励更多教师积极投身课程思政实践，推动课程思政的广泛开展。这一文件的出台，推动了全国高校课程思政实践广泛开展，促进了课程思政的常态化发展。这不仅对提高我国高校人才培养能力具有重要意义，也对形成专业课教学与思想政治理论课教学紧密结合、同向同行的育人格局具有积极推动作用。

自 2020 年起，我国课程思政的研究重心从理论探究转向实践应用，各地纷纷深入推进高校课程思政教育教学改革。上海地区率先出台了《关于深入推进上海高校课程思政建设的实施意见》，对人才培养方案进行全面修订，将课程思政改革深度融入学校的治理体系和治理结构之中。紧接着，河南省教育厅启动了本科高校课程思政项目建设工作。项目规划明确了 2020 年全省本科高校立项建设课程思政样板课程、课程思政教学研究示范中心等的数量。

2021 年 5 月，教育部公开的课程思政示范项目名单揭晓，课程思政示范课、课程思政教学名师和团队、课程思政教学研究示范中心的建设成果斐然。当前，已经有部分省份和学校在课程思政建设方面取得了阶段性的成果，为全国其他地区的课程思政建设积累了宝贵的建设经验。可以看出，我国在课程思政改革的道路上步伐坚定，各地积极推进，成果丰硕。未来，课程思政将在更多地区和学校得到广泛推广和实践，助力我国培养更多具有思政素质的高素质人才。

第二节 课程思政的目标与价值

一、课程思政的目标

在我国教育体系中，课程思政虽不属于具体的思政课程，但无疑是课程范畴的重要组成部分。课程目标是教育阶段中，学校课程致力于推动学生身心发展所要达到的程度，是课程编制过程的关键准则。它体现了教育者对于学生发展的期待，同时也呼应了社会对于人才培养的诉求。

课程目标是课程开发与设计中的教育价值的体现，具有指导课程编制过程的重要意义。它为教育工作者提供了明确的方向，引导他们在教学实践中关注学生的全面发展。课程目标不仅关注知识的传授，更注重学生能力的培养、情感的陶冶以及价值观的塑造。因此，在课程思政的实践中，需要深入理解和把握课程目标这一核心要素。基于课程思政的特殊性，可以将其目标分为根本目标和具体目标。

（一）课程思政建设的根本目标

《求是》在2020年9月1日刊登了一篇名为《思政课是落实立德树人根本任务的关键课程》的文章，对课程思政与立德树人之间的联系进行了较为深刻的论述。以“立德树人”为根本目标的课程思政，为我国教育事业的发展提供了指引。教育的三大基本问题是：培养什么样的人、怎样培养人和为谁培养人。立德树人是教育的基本任务，这是从我国现阶段的实际国情和社会生产力发展水平来看的。它既是我国的一项重要价值取向，又是教育的发展方向。

课程思政是一种创新性的思路，也是一种对教育立德树人这一基本使命的思考，也就是在高校各个方面都要贯彻社会主义核心价值观。它在整个社会的发展中起着至关重要的作用。为此，我国着重于以“培养什么人、怎样培养人”为中心，深入推进社会主义核心价值观体系的学习，强化大学生的社会主义核心价值观教育，对大学生进行正确的道德价值观培养。此举是为了为我国今后的发展打下牢固的道德根基。

“立德树人”的内涵丰富，意义深远，它源于我国深厚的历史文化传统，其中，“立德”与“树人”分别出自不同的经典文献，分别代表着树立德性和培养人才的意义。“立德”强调的是对德行的锤炼，源自《左传》中的“太上有立德，其次有立功，其次有立言，虽久不废，此之谓不朽。”在此，“立德”只想通过自身的道德修养，树立良好的道德品质，从而达到人格的提升。而“树人”则源自《管子·权修》中的“一年之计，莫如树谷；十年之计，莫如树木；百年之计，莫如树人”。在此，“树人”本意为人才的成长，强调通过教育培养人才的深远意义。

“立德树人”并非两个词汇的简单组合，二者是相互依存，不可分割的。立德是树人的基础，树人则是立德的延伸和实现。只有立德，才能树人，只有树人，才能更好地立德。这一思想是对我国新时代教育根本问题的深刻回应。

“德”的内涵丰富，包括道德品质、人生价值追求等，是人类世界观、价值观、法治观等的集中体现。因而立德树人的过程，就是塑造人的精神世界、提升人的道德品质、培养人的创新能力，实现人的价值追求的过程。

在实践中，高校要紧抓教师队伍、课程、课堂教学建设三个主要渠道，让所有教师、课程、课堂都充分发挥其育人功能。教师是立德树人的主要实施者，课程是立德树人的载体，课堂教学是立德树人的主要途径。只有三者紧密结合，才能真正实现立德树人的目标。此外，各类专业课程与思政课程要同向同行，将知识传授、能力培养与价值引领紧密结合。专业课程与思政课程并非相互独立，而是相互补充，共同构建起全面的教育体系。专业课程传授知识，培养能力，思政课程则引领价值，塑造人格。二者共同实现立德树人的根本任务。

（二）课程思政建设的具体目标

1. 品性养成

当今，如何培育有品德、有素质、有担当的新一代，是教育面临的重要议题。其中，思政教育作为塑造国家未来接班人的重要手段，其核心要义就在于“树人”。树人，即培养具有正确价值观念、良好品性特征和强烈自我意识的人，这是思政教育不懈探索的目标。

人的品性，主要包括价值倾向、品性特征和自我意识三个方面。在我国，优秀的个人品性包括尊老爱幼、吃苦耐劳、身体力行等，这些都是我们民族精神的重要体现。而教师的职责，就是要引导学生树立正确的人生观、价值观，成为符合社会发展要求的人。在这个过程中，教师应该是“经师”和“人师”的统一，他们既要精于“授业”和“解惑”，更要以“传道”为责任和使命。不仅要教授学生知识，更要引导学生养成良好的人格品质，培养学生的社会责任感和公民素养。

此外，课程思政在学生品性培养方面具有显著的优势。它可以通过“全员”“全过程”和“全方位”的方式，将思政教育融入学生的日常学习和生活之中。这种方式不仅可以提高学生的思想觉悟，还可以在潜移默化中塑造他们的品性，使他们成为有担当、有责任、有道德的人。

2. 政治认同

思想政治教育是课程思政的主要渠道，而学生的政治认同又是政治教育工作开展的第一步。在这样的基础上，使学生能够更好地理解中国特色社会主义道路、中国特色社会主义的理论、中国特色社会主义的体制，是课程思政的一个主要目的。“四个自信”为课程思政培育学生的理论指引和道路引导。

3. 文化传承科学精神

当今，科学精神已经成为推动社会进步的重要力量，同时，也是思政教育的重要保障。在我国，课程思政作为一种新型的教育模式，将思想政治教育与科学精神相结合，旨在培养新时代好青年。

所谓科学精神，就是指在认识世界和改造世界的过程中，坚持科学的世界观和方法论，以正确的价值观念进行判断和选择。这种精神品格在我国教育体系中具有重要地位，关系到国家未来的科技创新能力和核心竞争力。因此，在教育实践中，特别是在课程思政中，对学生科学精神的培育显得尤为重要。

课程思政作为一种创新教育方式，可以有效利用科学家的优秀事迹和科学场馆等资源，培养学生崇尚科学、热爱科学、尊重科学的科学情感。通过深入了解科学家的奋斗历程和伟大成就，得以树立科学榜样，激发他们对科学的热爱和追求。在此基础上，课程思政进一步引导学生树立科学的世界观、方法论和价值观，培养学生的理性思维、辩证思维和创新能力。

4. 法治意识

当今，人们对法治的关注越来越多，培养新一代公民的法治意识是历史赋予课程思政的一项重大任务与职责。法治意识是指以平等、公平和公正为核心的思想理念，是法治建设的基石。

在我国，培养大学生的法治观念，应从两个层面入手：第一，培养学生有法可依、有法必依、执法必严、违法必究的法治意识，让他们认识到，法律是民族生存之根本，人人都要遵守；二是要引导大学生做中国特色社会主义法治的尊奉强者、守护人，让学生明白自己是法治的受益人与守护者。

作为思想政治工作中的一项重要组成部分，法治教育在国内日益受到人们的关注。《中共中央关于全面推进依法治国若干重大问题的决定》提出，要把法治建设融入国民教育体系之中，从青少年开始，在学校开设法治课程，把法治教育融入国家教育之中。

法治教育在我国基础教育的课程建设中处于中心位置，对青少年法治意识的培育和法治理念的塑造起着重要的作用。且法治教育对青少年的素质构成也有一定的价值功能，有利于青少年树立正确的价值观与行为规范。在高校教育系统中，通过将社会热点事件、法治案例等引进课堂，以专题的方式进行法治理论研讨已成为常态。这种教学方式以实际案例为载体，使学生对法律的内涵有更深刻的认知，从而提升其法治素养。

5. 技术伦理

随着科技的飞速发展，新兴技术在人类生产、生活中的地位和作用日益显著。无人驾驶汽车、机器人、人工智能教育等科技产品和服务正不断改变着人们的生活方式，提高生产效率。然而，这些新兴技术的发展与应用也带来了一系列伦理问题，值得人们深思。例如，随着人工智能技术的普及，人类在生活和工作中越来越多地依赖机器人和智能设备，在某些领域，人与机器之间的界限变得越来越模糊，引发了关于人类就业、隐私权和人机关系的讨论。又如，随着新兴技术的涌现，现有的伦理规范难以涵盖所有新型伦理问题；在网络社交、电商平台等领域，人们的行为逐渐被技术所塑造，导致伦理行为的异化。这就需要人们在新技术背景下，重新思考该如何遵循伦理道德规范。

在此背景下，课程思政需要加强对学生伦理价值的培养，帮助学生理解和应用新技术背景下的伦理关系。伦理是处理人与人、人与社会等关系的道德准则和行为规范。课程思政的目标是帮助学生形成正确的伦理价值，养成符合社会交往行为规范的伦理行为。为了实现这一目标，我国教育部门应加大课程思政改革力度，将技术伦理教育贯穿于各个学科领域。通过丰富多样的教学手段，引导学生正确面对新兴技术带来的伦理挑战，培养具有良好伦理素养的社会主义建设者和接班人。

二、课程思政的价值

（一）课程思政的内在价值

1. 传承思想政治教育的知识，发展道德认知

知识，作为课程体系的核心要素，在教育中占有重要的地位。课程思政通过传承思想政治教育的知识，来发展学生的道德认知，这不仅是课程思政的内在价值，更是对我国教育理念的深化。

道德认知是一个内涵丰富的概念，它指的是人们对客观存在的道德关系的认知，以及处理这种关系的原则认知。这种认识并非天生就有，而是需要通过教育，尤其是思想政治教育来培养。在我国，思想政治教育课是教育中一门重要的课程，它主要负责传承思政知识、普及思政意识、提升思想素养、发展道德认知。建立统一的道德认知基础，是社会成员自觉遵守公序良俗，明辨是非善恶的前提。在这个基础上，人们能够更好地理解社会规范，更好地处理人际关系，更好地把握自己的人生方向。

在这个过程中，马克思主义理论起到了至关重要的作用。辩证唯物主义中的矛盾观、辩证观等，不仅能为学生思政素养和文化素养提升奠定良好的认识论基础，也能为他们提供深刻的理论积淀。这对于他们理解和把握社会现象，分析和解决社会问题，具有重要的指导意义。

2. 培育道德情感，实现价值引领

道德情感，作为人们根据道德标准评价他人或自己言行时产生的情感体验，是道德教育的重要方面。在学生价值观的形成和确立过程中，

道德情感发挥着至关重要的作用。

学生的价值观形成和确立是一个潜移默化的过程，需要在多样化的事实基础上进行自我选择和确证。在这个过程中，道德情感发挥着重要作用。当学生的言行符合道德标准时，他们会产生积极的道德情感，如，自豪、欣慰等；当其言行不符合道德标准时，则会产生消极的情感，如，愧疚、悔恨等。这些道德情感的体验有助于学生认识和理解道德规范，从而在日后的生活中遵循这些规范，形成正确的价值观。

触及学生的道德情感是实现对学生价值引领和良好德育效果的关键。教师在教育教学过程中，应当关注学生的道德情感需求，引导学生正确面对道德困境，启发他们自我反思，激发道德情感。通过情感的共鸣，使学生内化道德价值观念，从而实现对学生的价值引领。

课程思政是当前教育领域的一项重要探索，通过课程资源整合、教师资源融合等方面的创新，引导学生将课程思政价值理念内化于心、外化于行。在这个过程中，道德情感起到了桥梁和纽带的作用。课程思政可以将道德情感教育与知识教育有机结合，让学生在学习过程中感受到道德的价值和力量，进一步培养他们的道德情感。

3. 完善人格品质，唤醒生命自觉

教育，包含两个关键环节："教"和"育"。这两个环节相辅相成，共同塑造了一个人的成长轨迹。"教"，通常是指自上而下地传道授业解惑，这是一个知识传递的过程。在这个过程中，教师将自己的知识、经验和文化传递给学生，引导学生走向真理的大门。这个环节强调的是知识的传授，是一种自上而下的过程。而"育"，则关注熏陶人格品性，强调对个体成长的影响。这个过程不仅仅是知识的传递，更是价值观的塑造，人格的培养。它强调教育者与被教育者之间的互动，关注个体在教育过程中的体验和感受。

教育的对象是鲜活的生命，每一个学生都是独一无二的。因此，教育过程中需要关注学生的需求和潜在个性，尊重他们的差异性，激发他们的潜能。这就需要教育者在教学过程中，注重心灵的对话，用心去感知学生，挖掘他们的兴趣和特长。

随着社会的发展，未来的教育改革重心将以“生本课堂”为主，强调人文关怀和人文性。将更加注重学生的个体发展，关注学生的心理健康，营造一个充满人文关怀的教育环境。

我国教育的根本任务是“立德树人”。这是教育的第一要务，也是课程思政“育人”任务的根本。要通过教育，引导学生树立正确的世界观、人生观和价值观，培养他们的人格品质和创新精神，为我国的发展贡献力量。

生命自觉，这是一个蕴含着人类精神世界能量达到的高级水平的概念。它是人们生活中那一抹灵犀，是人内心深处的觉醒和觉悟。生命自觉，包含了丰富的文化内涵，它的要义包括自知、自省、自主、觉醒、觉悟，以及自我意识、自我实现等。在当今，培养生命自觉已成为时代的教育理想，它是课程思政的重要教育目标。课程思政致力于唤醒学生的生命自觉，使其不仅对自我生命有深入的觉知、觉悟，更能在此基础上，追求自我完善和自我实现。

生命自觉，是对自我和他人生命的尊重，是对生命的主动性，是对自我和他人生命的不断探索和追求。它是一种内在的动力，推动人们思考生命的价值与意义，追求生命的高度，扩展生命的宽度。

课程思政的追求目标和终极指向，就是将学生培养成拥有对自我生命知觉、对他人生命的自觉，并能自觉将自我生命、他人生命和外在生境沟通转化的人，它旨在帮助学生自觉化解对生命的困惑，体认生命的价值与意义，追求生命的高度，扩展生命的宽度①。

（二）课程思政的外在价值

1. 社会控制

课程在社会成员（学生）的社会规范、理想信念等方面发挥着重要的引领作用。教育社会学家艾格莱斯顿认为，课程和社会控制的问题可以分为：社会对课程的控制、通过课程实现的控制。这种观点揭示了课程在社会治理中的重要作用，进一步强调了课程内容的引导性和影响力。

① 李正涛. 生命自觉与教育学自觉［J］. 北京：教育研究，2010，31（04）：5，5—11.

在我国，课程思政作为一种“大课程”建设项目，由国家在高等教育阶段大力推行，旨在培养具有社会主义核心价值观的人才。这一项目将思想政治教育融入各类课程中，使学生在学习专业知识的同时，接受社会主义核心价值观的熏陶，从而内化为自身的行为准则和信仰追求。

课程思政是落实“立德树人”根本教育目标的重要举措。它通过丰富多样的课程内容，引导学生树立正确的世界观、人生观和价值观，培养具备健全人格和高尚品德的人才，为社会主义事业贡献力量。

课程思政通过课程内容、结构、实施合格评价等，实现对成员（学生）的软控制。这种方式不同于强制性的行政命令，而是通过课程的引导和教育，使学生在潜移默化中接受社会主义核心价值观，从而内化为自身的行为准则。在这个过程中，课程思政发挥着社会治理的作用，有助于维护社会稳定和推动国家发展。

2. 传承和传递中华优秀传统文化

在新时代的背景下，高校教育正在发挥着提升大学生文化自信、民族自豪感和社会担当的重要作用。其中，中华优秀传统文化教育体系被视为一条有效的路径。这条路径不仅包含了丰富的历史底蕴和民族精神，更承载了我们对未来的期许和担当。中华优秀传统文化教育体系中的“仁、义、礼、智、信”等传统美德的核心理念，在课程思政的内容中得到了充分的体现。这些价值观是民族精神的基石，也是构建和谐社会的重要支柱。

中华优秀传统文化中的“大学之道，在明明德，在亲民，在止于至善”以及“明人伦”等理念，具有重要的地位。教育的目的不仅是传授知识，更是引导人们追求至善，提升道德品质，亲和社会，实现个人与社会的和谐发展。此外，“老吾老以及人之老，幼吾幼以及人之幼”和“天下兴亡，匹夫有责”等观念，更是彰显了我国优秀传统文化的价值。这些观念对于培养大学生的社会责任感具有重要的指导意义。

课程思政在传承和传递中华优秀传统文化的使命中，发挥着重要的作用。它将优秀传统文化的精髓融入教育实践中，引导大学生树立文化自信，增强民族自豪感，发挥社会担当。迈入中国特色社会主义新时代，课程思政承担着弘扬优秀传统文化的责任。它将继续深化优秀传统文化教育，引导学生践行社会主义核心价值观，为实现中华民族伟大复兴中国梦贡献力量。

3. 有效助力人类命运共同体的构建

在全球化日益加深的今天，人类命运共同体的理念愈发凸显出其重要性。人类命运共同体包括责任共同体、利益共同体、发展共同体、民族命运共同体与人类命运共同体等重要范畴。旨在强调各国之间要相互合作、共同发展，以实现全人类的共同利益。这一理念秉持和平、公平、民主等全人类的共同价值，为构建一个和谐美好的世界提供了重要的理论指导。

在我国高等教育阶段推行的课程思政建设，正是符合中国特色社会主义发展基本方略的重要举措。这一举措不仅有助于提高我国高等教育的质量，更能为我国经济社会发展输送大批具有责任感和使命感的优秀人才。高等教育阶段推行课程思政建设，与“人类是命运共同体”的价值旨归是契合的。在全球化背景下，我国高等教育培养的人才将承担起推动世界和平与发展、促进人类文明进步的历史使命。课程思政建设强调培养具有国际视野和人类关怀的人才，使他们在面对全球性问题时，能够站在全人类的高度，关注世界和平与发展，为构建人类命运共同体贡献力量。

第三节　课程思政的理论基础与教育原则

一、课程思政的理论指导

（一）马克思主义关于人的全面发展学说为课程思政“定基”

马克思主义理论在我国的高等教育中占据了至关重要的地位，它不仅是课程思政的重要指导思想，更是构成高校思想政治教育的基本前提。

马克思主义理论为人们提供了科学的认知和探究路径，使人们能够更好地理解世界，分析问题，解决问题。思想政治教育的根本内容就是马克思主义理论。无论是教育教学的过程，还是学术研究的开展，高校思想政治教育都以马克思主义原理为指导，以此来观察世界，剖析问题，寻求解决方案。这不仅是我国高等教育的重要特征，也是我国高等教育的独特优势。

课程思政概念的提出是马克思主义立场、理论根基的彰显。它强调在教育教学过程中，要始终坚持以学生为中心，全面落实立德树人根本任务，把思想政治工作贯穿于教育教学全过程。

马克思主义关于人的全面发展学说，是基于空想社会主义学家傅立叶、欧文等人的理论，马克思和恩格斯在《德意志意识形态》中首次提出“个人全面发展”是一个独立的概念。他们强调，只有从异化的劳动中解放出来，才能实现人的全面发展目标。

马克思和恩格斯关于人的全面发展理论包括人的个体能力发展、社会关系丰富化、个性的全面发展。这一理论揭示了人的全面发展的本质和规律，为我国高等教育的人才培养提供了重要的理论指导。马克思提出的“全面教育”思想，旨在将所有社会成员培养为全面发展的劳动者。教育是提高社会生产、造就全面发展的人的方法。这一点在我国教育实践中得到了充分的体现，如，强调教育以生为本，培养全面发展的人才。

在第一国际总委员会关于普及教育的发言中，马克思强调了政治教育的重要性。他认为，年轻人应该在日常生活中从成年人那里获得这种教育，从而培养他们的社会意识和政治觉悟。这一观点在我国的教育实践中，体现为强调政治思想教育与日常生活相结合，培养学生的社会责任感和公民素养。

随着时代的发展，马克思主义的全面教育理念在我国教育领域得到了进一步的发展。课程思政作为一种新的思想政治教育模式，强调“全员育人、全过程育人和全方位育人”，体现了马克思主义的“人的全面发展学说”及“全面教育”理论所提及的教育的目标、教育的途径、教育的方式等。

课程思政将思政教育内容渗透于专业课教学中，以保障大学生不仅能从中获取专业知识，还能养成正确的价值观，解放个性，全面发展。这一模式在我国高校的教育实践中取得了显著的成效，为培养具有全面素质和创新精神的人才奠定了坚实的基础。

课程思政基于中国特色社会主义的现实需要，继承和发扬了马克思主义在意识形态方面的价值引导。在新时代背景下，课程思政将进一步发挥其在培养全面发展人才、落实立德树人根本任务等方面的积极作用，为实现中华民族伟大复兴的中国梦提供有力支撑。

（二）中国特色社会主义发展理论为课程思政“定向”

马克思主义在我国探索社会主义国家经济、社会建设和发展问题的过程中，发挥了至关重要的作用。我国始终坚持结合马克思主义原理和国情，形成了不断完善的发展理论和发展战略。这一理论体系不仅在实践中取得了举世瞩目的成果，而且在世界范围内彰显了马克思主义的价值和意义。发展理论的演进充分体现了马克思主义的活力和适应性。从“摸着石头过河”到进行国家发展战略顶层设计，再到以新发展理念为首的系列发展理论的飞跃，我国在发展道路上不断积累经验，为世界各国提供了宝贵的发展借鉴。在新时期，我国高举中国特色社会主义发展理论，推动当代马克思主义不断向纵深发展。这一理论不仅是我国国情发展的指导，也是课程思政建设的重要内容。在课程思政建设过程中，创新、协调、绿色、开放、共享的新发展理念被赋予了新的内涵和使命。

创新被视为民族进步的动力，课程思政发展需秉持创新理念，全面推动课程内容、形式、教学组织方式和教育评价模式的革新。这样，既能激发学生的学习兴趣，也能为高校课程思政发展注入新的生命力。同时，贯彻落实协调、共享、开放理念，有助于提升课程思政的教育合力。这要求将各个教育环节有机结合起来，形成教育合力，以提高课程思政的实效。将这些理念具体落实到实践，将有力推动我国课程思政建设的发展。绿色新发展理念在课程思政建设中同样具有重要意义。它不仅可以净化课程思政建设环境，还能引导学生树立绿色生态发展观，助力美好生态环境建设。在我国社会主义事业发展的进程中，绿色新发展理念将成为课程思政建设的重要内容，为培养具有环保意识的社会主义建设者和接班人奠定坚实基础。

在新时代的历史背景下，我国经济发展取得了举世瞩目的成就，同时也为教育领域带来了新的机遇和挑战。尤其在高等教育领域，肩负着培养德智体美劳全面发展的社会主义建设者和接班人的重大任务，这使得课程思政成为一项至关重要的课程。习近平新时代中国特色社会主义思想为课程思政提供了坚实的思想指导，赋予了其新的内涵和使命。

新时代历史方位的“三个意味着”和五个特征，以及对社会主要矛盾变化的判断和伟大使命，为课程思政发展指明了新特征、新方向和新要求。在这个新时代，我国高等教育必须坚持正确的政治方向，立足于培养德智体美劳全面发展的人才，以实现社会主义现代化和中华民族伟大复兴的中国梦。高校立身之本在于立德树人，只有培养出一流人才的高校，才能够成为世界一流大学①。

高校人才培养的内涵和价值在于筑牢学生的理论认同、思想认同和情感认同。这意味着在课程思政的实践中，要将思想政治教育贯穿教育教学全过程，引导学生深刻理解伟大事业、坚定理想信念，增进对中国特色社会主义的信仰。同时，要注重培养学生的道德品质，强化法治意识和社会责任感，使他们在国家发展中贡献力量。

（三）相关课程理论为课程思政“定位”

1. 要素主义课程理论为课程思政的建设提供了实践性的方向

要素主义理论是一种关于对人类历史文明进行深度解读的学说，它认为在人类文明中，存在着一些固定的文化要素。这些要素就像是人类文明的瑰宝，闪耀着独特的光芒。它们构成了人类文化的根基，塑造了人们的精神风貌。教育的使命，从根本上说，就在于将这些基本的文化要素传承给新一代

① 魏博．新时代高校课程思政建设研究初探［J］．济南：山东农业工程学院学报，2023，40（06）：117—123.

的青年。通过教育，帮助他们掌握适应社会生存与发展的共同知识和价值。这样，他们才能在社会的大潮中立足，才能在时代的变迁中找到自己的定位。为了实现这一使命，课程以传承人类共同文化为主要内容，以培养辩证思考能力和道德品质为主要目标。通过这样的课程设置，青年人不仅能拥有丰富的知识储备，更能具备独立思考的能力和高尚的道德品质。

课程思政蕴含着要素主义课程理论的影子，其目的体现了要素主义课程理论所提倡的教育目的观。它主张，文化课程要素对我国制度建设有着重要的作用，为了促进社会进步和民主，需要对学生进行理智和道德的训练，保存和传承人类文化遗产。在课程设置过程中，要充分考虑国家和民族的利益。将那些代表我国民族文化精髓的要素融入课程，让学生在学习的过程中，既能吸收外来文化，又能坚守本土文化。

课程思政的课程标准，还充分体现了要素主义课程理论中“选择要以传递人类的共同文化要素为基本素材”的课程价值观。如，在课程中，注重传授社会的传统价值标准等，以此来塑造学生的道德观念和价值取向。

2. 课程文化自觉理论为课程思政提供了认识论基础和价值性支撑

随着时代的发展，当代哲学的走向和趋势发生了明显的转变。人们开始从文化的本质去研究哲学，不再将课程理论视为文化的附属物。这一变化标志着哲学领域的一场重大变革，即哲学的文化转向。哲学的文化转向，作为认识论基础，要求人们以新的认识论作为课程理论研究的基础。这意味着，要重新审视课程的本质，重新认识课程的概念、范畴等，从而形成新的课程理论体系并重建课程学科体系。

在这个过程中，课程理论的文化自觉成为关键。要实现课程理论的文化自觉，将价值问题凸显为课程研究领域中的核心问题。这一转变的重要性和必要性在于，它使人们能够更加深入地理解课程的价值所在，从而更好地指导课程实践。为了实现这一目标，需要引入价值论。价值论为课程研究领域提供了新的视角，同时在课程理论价值取向、立场和方法方面进行了深刻的转换。这使得人们能够从更广阔、更深入的层面上看待课程问题，进而为课程改革提供理论支撑。

在这个过程中，课程思政的价值支撑显得尤为重要。课程文化自觉理论为课程思政从价值层面找到各种不同理论的衔接点，使人们能够自觉进行价值选择，促进理论与理论、理论与实践的对话。这不仅有助于课程理论的完善，也为课程实践提供了明确的方向。

实践发展是课程文化自觉理论的核心诉求。课程文化自觉理论为课程思政的实践发展提供了价值性的支撑，使其在理论与实践之间建立起紧密的联系。这种联系有助于人们将课程理论付诸实践，并在实践中不断丰富和发展课程理论，形成一个良性循环。

3. 课程创生理论为课程思政的推进提供了实践方法的理论基础

在教育领域，课程创生理论为人们提供了一个全新的视角，让人们能重新审视课程的内涵与实施过程。该理论认为，真正的课程并非静态的知识体系，而是教师与学生在具体教育情境中共同创生的教育经验。这个过程并非简单地传递已有的知识，而是在实践中不断地生成新的教育经验，为学生提供个性化、情境化的知识。课程创生理论强调知识是个人化、情境化的，不是预先决定的。这与我国当前课程思政理念高度契合。课程思政倡导将思想政治教育融入各学科课程，注重学生的主体性，强调教育过程的实践性与情境性。在这一背景下，课程创生理论为我国教育工作者提供了有益的启示，有助于推动课程思政的深入发展。

课程创生理论以实质化研究为基础，提供了一系列实证研究方法来理解课程实施，包括个案研究、深度访谈、行动研究等。这些方法有助于教育工作者深入了解课程实施的过程，发现问题、解决问题，从而更好地推进课程思政的实施。此外，课程创生理论认为，学校实践是课程实施的重要组成部分。学校实践旨在提升师生的教育实践能力，强调交互教学的个性化、情境化。通过提升学校实践，可进一步推动课程思政的发展，实现教育教学的创新与突破。

4. 课程内容选择理论为课程思政体系的建设指明了行动路径

斯宾塞提出的“什么知识最有价值”的命题，是对课程选择的一次深刻探讨，它使得课程内容选择成为课程论的基本问题。这个命题的出现，标志着教育界对课程内容选择的重视，也引发了关于课程内容选择的一系列讨论。课程内容选择的取向问题，主要有三类：知识本位取向、社会本位取向、学习者本位取向。知识本位取向强调课程内容的选择应以知识为核心，注重知识的系统性和科学性；社会本位取向则主张课程内容应紧密联系社会现实，关注社会问题，以此增强学生的社会意识和社会责任感；学习者本位取向则主张课程内容的选择应充分考虑学习者的需求、兴趣和能力，以激发学习者的主动性和创造性。

在我国，课程思政以课程内容选择理论为行动指南，其构建的课程体系反映出对这上述三类取向的重视。课程思政在内容选择上既重视专业思政课程（知识本位取向）的建设，也充分挖掘社会中的思政要素（社会本位取向）。这种做法既保证了知识的系统性，又紧密联系了社会现实，增强了学生的社会意识。同时，课程思政还注重从学习者自身的生活环境、经历出发（学习者本位取向）来建构课程体系，极大地激发了学习者的兴趣和积极性。

二、课程思政的教育原则

（一）“三全育人”原则

2016 年全国高校思想政治工作会议上，一项重要提议引发了广泛关注。会议提出，要将立德树人作为中心环节，将思想政治工作贯穿教育教学全过程，实现全程育人、全方位育人。这是我国在新时期首次明确提出“三全育人”的理念，为课程思政的发展提供了基本遵循。“三全育人”即全员育人、全过程育人、全方位育人。这一理念强调，教育不仅仅是教师的职责，更是全社会共同参与的过程；要将思想政治工作贯穿教育教学的方方面面，从而实现对学生全面、深入的教育，构建一体化育人体系。

2018 年 5 月，为进一步推进“三全育人”的综合改革，我国发布了《关于开展“三全育人”综合改革试点工作的通知》，要求各地从各个层面构建一体化育人体系。在推行课程思政的过程中，要遵循“三全育人”的教育原则。全员育人要求所有教育工作者积极参与，共同为学生提供优质的教育资源。全过程育人强调教育教学的每一个环节都要注重思想政治教育，使其成为学生成长不可或缺的部分。全方位育人则要求学校、家庭、社会等多方共同参与，构建起全面覆盖的教育网络。

坚持“三全育人”原则对于课程思政来说，具有实践意义。首先，“三全育人”原则与立德树人根本任务是契合的。树人先树德，德才兼备是我国教育一贯的追求。立德树人，就是要培养具有社会主义核心价值观的新时代青年。而“三全育人”原则正是以此为核心，强调全面发展、全过程培养、全方位教育，培养德智体美劳全面发展的社会主义建设者和接班人。

其次，在当前高校的育人工作中还存在着一些有待完善的方面，例如，在“围绕、关照和服务学生”的育人意识上还有待强化。这就要求贯彻落实“三全育人”原则，为解决高校育人现实问题提供可行途径。包括育人资源整合、更新育人理念、拓展育人时空等。通过全面提高育人资源整合，可以实现教育教学资源的优化配合；通过更新育人理念，我们可以推动教育教学改革，使之更加贴近时代、贴近学生；通过拓展育人时空，可以为学生提供更多实践锻炼的机会，培养他们的创新精神和实践能力。

（二）学科育人原则

当今，学科育人已经成为教育领域中一股不可或缺的力量。它通过具体的学科知识、专业范畴、学科思维逻辑、理论框架，使学生逐步过渡为有独特社会关系、精神追求的社会人。学科育人，归根结底，是一种教育理念，也是一种教育实践。

不同学科有不同的课程内容和思维方式，因此，不同学科的育人价值也存在差异。所以，在推行课程思政的过程中，遵循学科育人原则是其发展的内在诉求。这不仅是因为学科育人能够充分挖掘各学科的思政教育资源，更是因为它能够使学生在学习过程中，自然而然地接受思想政治教育。为了使课程思政的推行过程更具体和可操作，需要构建一套完整的课程思政学科体系。这一体系将充分体现学科育人的开放性和跨学科性思维，顺应教育发展规律，符合社会对人才目标的需求。在这个过程中，需要关注学科育人的发展性，这是其质的规定性。

加强“人—知”互动，是学科育人的内在使然。在学科育人过程中，教师应关注学生个体差异，激发学生主动探究知识，培养学生解决问题、批判性思维的能力。这样，学生才能更好地将课程思政的相关理念“内化于心、外化于行”。

（三）一体化育人原则

1. 课前课中课后一体化原则

随着我国教育改革的深入推进，思想政治教育正在经历前所未有的变革。传统思政课已经无法满足新时代教育的需求，课程思政作为一种新型的教育模式，正在逐步改变教育观念和实践。

首先，课程思政打破了传统思政课的教育空间布局，实现了育人场域的拓展。课程思政则将育人场域延伸至课前、课中、课后一体化，使得教育空间更加广阔，教育时间更加灵活。这样的改变不仅有利于学生更好地吸收理论知识，也有助于培养学生的实践能力和综合素质。

其次，课程思政实现了育人过程的全面覆盖。课程思政将育人过程贯穿于课前、课中、课后，使得教师能够全方位地关注学生的成长，为学生提供个性化的指导。这种全面覆盖的育人过程有利于提高学生的学习效果，也有助于培养学生的综合素质。

最后，“三全育人”理念强调了课内与课外的贯通融合，课前课中课后的相互补充、多维推进，体现了课程思政的全方位育人特点，这一理念要求教师在教学过程中注重课内与课外的结合，课前、课中、课后相互补充，形成一个完整的教育体系。这样的教育模式有利于培养学生全面发展的素质教育，使学生在思想政治教育中得到全面的提升。

2. 专业思政课与非专业思政课的一体化原则

落实课程思政，仅凭专业思政课是远远不够的，还需要其他非专业思政课力量的支持，也就是说，要遵循专业思政课和非专业思政课一体化的原则。

3. 校内校外一体化原则

立德树人是我国教育事业的根本任务，它强调要在培养人才的过程中，注重培养学生的道德品质和人格素养。近年来，课程思政作为一种新型的教育理念，得到了广泛的关注和应用。然而，要真正实现立德树人的根本任务和课程思政的全面发展，不仅需要学校内部的积极参与，更需要学校外各部门的支持与配合。

学校作为践行立德树人根本任务的主要行为主体，肩负着培养社会主义建设者和接班人的重要使命。学校需要通过改革创新，不断完善课程体系，将思政教育贯穿到教育教学的全过程中。此外，学校还应注重与外界的交流与合作，形成一个全方位、多层次的思政教育格局。教育行政部门在推动课程思政发展中起着关键作用。相关部门应制定有利于课程思政发展的政策，为学校提供指导和支持。同时，教育督导部门要加强对学校思政教育的监管调控，确保各项政策措施的贯彻落实。此外，相关场馆（如，博物馆）的开放支持也是课程思政发展的重要保障。博物馆等场馆可以提供丰富的教育资源，让学生在实践中感受思政教育的魅力，从而提高教育的实效。社区部门也应积极参与，与学校形成良好的互动协作关系，共同为课程思政创造良好的社会环境。在这个过程中，父母长辈的言传身教同样至关重要。家庭是孩子的第一所学校，家长应当关注孩子的道德成长，与学校共同培养孩子的良好品质。家长的积极配合和支持，有助于形成家庭、学校、社会协同育人的良好局面。

4. 大中小学一体化原则

在我国，课程思政建设任务贯穿于大中小学整个教育体系，它并非仅局限于高等教育。从小学到中学，再到高等教育，课程思政旨在培养一代又一代的社会主义建设者和接班人。小学阶段是课程思政的“定基”阶段。在这个阶段，需要“扣好人生的第一粒扣子”，也就是要从小培养学生的正确价值观和道德观，让他们在人生旅程的起点就树立起崇高的理想和信念。中学阶段，课程思政进入“定向”阶段。此时，关键是要引导学生形成正确的人生观、价值观。通过深入挖掘各类课程中的思政元素，引导学生自觉将社会主义核心价值观内化为自身的行为准则。高等教育阶段是践行课程思政建设的关键环节，在这个阶段，要落实“立德树人”根本任务，将思政教育和专业知识教育有机结合起来，培养能够担当民族复兴大任的高素质人才。所以，在课程思政的建设过程中，要坚持大中小学一体化的原则，各教育阶段要密切配合，形成协同效应，确保思政教育贯穿于人才培养的全过程。

以天津市为例，为推动大中小学思政课一体化建设，构建高质量思政工作体系，当地政府实施了一系列政策举措。这些举措包括成立学校思政工作委员会、组建大中小学一体化思政课改革指导委员会等。通过这些举措，天津市为大中小学课程思政建设一体化提供了有力保障。

（四）因材施教的育人原则

近年来，课程思政的推行已经成为热门话题。课程思政以培养学生道德素质为核心，因此，其推行还需遵循因材施教的育人原则。因材施教的“材”在课程思政中指代性较为广泛，它不仅包括学生的个性差异，还包括学校特色、课程特色等。也就是说在课程思政的实践过程中，教育工作者不仅需要考虑学习主体的差异，还要充分考虑相关因素，以确保课程实施的针对性和有效性。

值得注意的是，因为各区域、学校、师资队伍和学生的情况都存在差异，所以，当前课程思政并没有统一的教学大纲和教学计划。因此，在坚持“立德树人”这一根本任务前提下，各学校可以根据自身优势，充分调动各种资源，形成课程思政的“合力”。

（五）同向、协同育人原则

随着我国教育事业的发展，如何培养德智体美劳全面发展的社会主义建设者和接班人，成为教育界关注的焦点。“同向同行、协同育人”理念旨在通过多主体间的交互合作，实现教育目标的一致性和教育路径、力度等的协同性。“同向同行、协同育人”这一概念，简而言之，就是要求各教育主体在教育过程中，不仅要拥有共同的教育目标，还要在教育路径、举措、力度等方面保持一致。这种协同性体现在教育实践中，就是各个教育主体之间的紧密合作，共同为学生的全面发展创造条件。

在课程思政中，同向、协同育人意味着专业课程和综合素养课程的教学，要与思想政治理论课的目标、路径、行动保持一致。这就要求教师在教学过程中，将思想政治教育贯穿到专业课程和综合素养课程中，使之成为学生成长成才的重要支撑。

要实现同向、协同育人的目标，首先需要建立完整的思政课程体系。这包括统筹多方课程资源，确保各类课程都能充分发挥思想政治教育的作用；培育课程思政教师协同育人意识和能力，使他们在教学实践中能够更好地贯彻协同育人的理念；建立协同创新机制，激发教师间的合作热情，实现教育资源的共享和优化；制定指导性强的评价激励机制，鼓励教师在协同育人中发挥更大作用；以及有力的人才保障机制，为协同育人提供坚实的人才支持。

（六）生成性育人原则

建构主义学习理论一直以来都在教育领域中占据着重要的地位。该理论强调学习者的主动建构作用，而非传授者的被动灌输。这意味着，学习者在学习过程中并非只是接收信息，而是在接收信息的同时，根据自己的认知结构和经验主动地建构。这种建构不仅仅是机械地接收知识，而是对知识进行理解和内化，使之成为自己知识体系的一部分。

美国教育心理学家威特罗克的生成性学习理论，对我国课程思政建设具有重要的启示意义。生成性学习理论主张，人们在生成事物意义时，总是与已有的知识经验联系在一起。这意味着，学习者在面对新的信息时，不是空白一片地进行学习，而是通过主动建构新旧想法的联系，使输入的信息获得具体意义。这个过程不仅仅是知识的积累，更是思维的碰撞和升华。

生成性学习过程可以分为注意和选择性知觉、主动建构意义、建构完成和意义生成几个阶段。注意和选择性知觉阶段，学习者对新信息进行捕捉和筛选；主动建构意义阶段，学习者根据自己的认知结构和经验，对新信息进行理解和内化；建构完成和意义生成阶段，学习者将新知识整合到自己的知识体系中，形成稳定的认知结构。

在课程思政设计过程中，生成性育人原则尤为重要。思政课高度契合生成性育人原则，学习者主动建构新的思政要素，与已有思政要素融合，形成稳定的价值取向。这种价值取向不仅体现在知识的积累上，更体现在思维的方式和行为的准则上。为了实现课程思政的生成性育人效果，课程设计者应根据学科和课程个性差异，找准契合点，建立生成性关系。这需要课程设计者深入理解学科特点，把握课程内容与学生已有知识经验的关系，创设有利于学生主动建构的学习环境，引导学生在新旧知识之间建立联系，实现思政课程的意义生成。

第四节　课程思政遵循的逻辑

一、学术逻辑

学术逻辑，作为一种精神追求，始终贯穿在人类对知识和真理的探索过程之中。其核心理念在于研究自由、学术自治、尊重学术标准，以及通过同行认可的方式对研究成果进行评价和奖励。

学术逻辑的理论基础源于大学的认识论哲学。这种哲学崇尚科学、坚守学术自由，并关注核心求知使命。它认为，人们对真理的追求不应受限于任何外部因素，而是要通过自由的学术研究来实现。在这个过程中，学术自治和同行认可成为保障学术质量的基石。学术逻辑的追求目标是真理。它认为，通过探索自然和人类社会的基本问题，可以提升人类的认识能力，进而推动人类社会的发展。在这个过程中，提出新思想、新理论成为学术评价的重要标准。这不仅强调学术水平，更追求学术卓越。在评价标准上，学术逻辑注重学术成果的质量，而非仅仅追求有用性。它认为，学术研究的价值在于认识世界，而非仅仅服务于现实需求。因此，学术逻辑倡导将研究视为智力的天职，而非仅仅是为了满足实际需求。

在教育领域，课程思政作为一个新兴的专业名词，引起了学界的高度关注。然而，尽管已有众多研究对其进行了探讨，但不得不承认，对于这一概念的理论内涵认识仍有待深化。

一方面，课程思政在我国的教育实践中具有重要的战略地位。它强调将思想政治教育融入各类课程，使学生在学习专业知识和技能的同时，也能够接收到深刻的思想政治教育。另一方面，学术界在课程思政概念的认识和把握上，还需要进一步系统化。

课程思政并非一个静态的概念，而是一个常研常新的专有名词。其实践内涵和学术内涵会随着实践的发展而发展。这就要求在研究课程思政时，要保持和坚守“求真、求实、求新”的学术逻辑。首先，求真在研究课程思政的过程中，要真实地面对问题，深入挖掘课程思政的本质。这意味着要在理论研究中摒弃主观臆断，以客观的态度去探讨课程思政的内涵。其次，在理论建构和实践探索中，要注重实际效果，脚踏实地地推进课程思政的实施。这意味着要关注课程思政的实际运行状况，以实证研究为基础，不断优化和完善课程思政的理论和实践。最后，在课程思政的研究中，要敢于创新，勇于突破。这意味着要紧跟时代发展，积极探索课程思政的新模式、新方法，以适应不断变化的教育环境和需求。

二、实践逻辑

实践逻辑是一种独特的逻辑，它将推论与执行相结合，以理论推演为指导，在实践中寻找问题的解决之道。实践逻辑的核心观点在于，理论并非孤立存在，而是要与实践相结合，以指导实践，推动实践的发展。在这个过程中，理论的推演和实践的执行形成了一种紧密的联系，这种联系就是所谓的实践逻辑。

人与世界的关系是多元的，包括认识关系、价值关系和实践关系。认识关系主要解答“为什么”，即人对世界的理解和解释；价值关系则关注需求与无序的联系，人对世界的评价和选择；实践关系则着眼于“如何做”，人对世界的改变和创造。这三者相互关联，构成了人与世界关系的全面体现。实践关系在其中起着承前启后的作用，它是人与世界关系的最终焦点。从认识关系过渡到价值关系，再落脚到实践关系，这是人与世界关系发展的自然逻辑。认识关系和价值关系为实践关系提供了理论基础和价值导向，而实践关系则将理论转化为现实，实现了人与世界的互动。

列宁对实践的理解深刻地反映了这一逻辑。他认为，实践是一种要求与外部现实性的统一，是主体改变外部世界以满足自身需要的活动。这种实践活动从现实基础出发，结合主体需要和外部世界对象，确定实践活动的目的和手段。这不仅揭示了实践的本质，也为理解实践逻辑提供了理论依据。

在实施课程思政时，实践逻辑尤为重要。课程思政旨在通过教育和引导，使学生树立正确的思想政治观念，从而实现思政教育的目标。这个过程需要立足于实践的目的、手段等，寻求课程思政理论推演和实践执行的关系。这样，课程思政才能真正发挥其应有的作用，实现其价值。

推行课程思政是当前我国教育改革的重要内容，旨在实现立德树人的根本性目标，培养学生的社会主义核心价值观。为了更好地实现这一目标，需要构建“目标—手段—结果”的实践路径。

首先，要明确课程思政的目标。这是一个涵盖广泛、层次丰富的目标体系，既包括知识技能的培养，也包括道德情操的熏陶。在此基础上，要进一步确定课程的对象，这是课程实施的主体，也是教育的重点。课程的目标应该与我国的教育方针相一致，即立德树人，培养学生的社会主义核心价值观。

其次，在明确了课程的目标和对象之后，要选择合适的实际推行手段。这需要深入理解“目标—对象—手段”的实践路径，充分发挥主观能动性，合理利用课程资源，并遵循课程规律和育人规律。这意味着要根据课程的目标和对象，因地制宜、因材施教，选择最能达到预期效果的手段。

最后，在选择了合适的手段后，实践主体就可以将其作用于课程对象。这个过程就是“目标—手段—结果”的实践路径。通过这个路径，可以改变自在客体，使之成为符合主体需求的目标形态。这个过程不仅是知识的传授，更是价值观的塑造，旨在引导学生形成正确的价值观，成为有道德、有责任感、有创新精神的现代人才。

三、制度逻辑

（一）建立和完善课程思政资源的整合和开发制度

在教育领域，课程资源整合一直是一个重要的课题。课程资源整合旨在最大化利用学校、社会、家庭等的资源，调动教师、学生、家长、社区人员等的积极性，将隐性课程资源转化为显性课程资源。

在新时代背景下，课程思政已成为教育改革的重要内容。遵循“大课程”的发展理路，引导课程思政资源的实施、评价等，旨在培养学生全面发展，落实立德树人根本任务。为了有效推动课程资源整合和开发，需要成立一个由课程专家、各学科授课教师、学生、系主任、校长等构成的组织机构。这个机构将汇聚各方力量，共同研究和推进课程资源的整合与开发，为提升教育质量提供有力保障。

为确保组织结构的有序、规范运行，需要制定相关制度。这些制度将明确各方的职责和权益，规范课程资源整合与开发的过程，为课程改革提供制度保障。并将课程思政的整合和开发纳入日常教学工作中，使其制度化、科学化和常态化。这样一来，课程思政不仅成为学校教育的重要组成部分，也能更好地发挥其在培养学生全面发展中的作用。

（二）落实课程思政教师队伍建设制度

在当前教育体系中，课程思政已成为落实立德树人根本任务的重要途径。在这一过程中，教师作为课程思政的策划者与组织者，起着关键性的作用。他们不仅是知识的传播者，更是学生价值观的引导者，对课程思政的顺利实施具有举足轻重的影响。一方面，教师在课程思政中扮演着创新教育机制、多方协同育人的重要角色。他们需要结合学科特点，挖掘课程中的思政元素，将思想政治教育与专业知识教育有机融合，形成协同效应。这既要求教师具备较高的专业素养，也需具备较强的创新意识和团队协作精神。另一方面，建设高素质的课程思政教师队伍是课程思政发展的内在诉求。教师队伍的质量直接关系到课程思政的效果。为此，国家需出台相关制度，培训具有理论基础、责任担当、师德师风和核心教学素养的教师队伍。这既是教师个人发展的需要，也是教育事业发展的重要保障。

在建设过程中，制定和遵循相关制度至关重要。这包括选拔任用、培训培养、考核评价等方面的制度，旨在确保教师队伍建设的规范化、专业化。此外，还需提供充实的人力、物力和财力支持，推动课程思政队伍建设的科学化、专业化。

（三）责任落实制度

在教师入职前，对其进行思想政治教育理论的熏陶和教学技巧的培训，帮助他们树立课程思政的责任和担当意识，对于课程思政的实施而言至关重要。新入职教师应充分认识到课程思政的重要性，将思想政治教育贯穿教育教学全过程。这不仅是对国家教育方针的贯彻执行，更是对学生全面发展的责任担当。通过深入研究思想政治教育理论，新教师应学会如何将思政元素巧妙地融入课程之中，使之成为学生成长成才的有力保障。

为了确保课程思政建设的主体责任不落空、不断档，相关部门应制定针对思想政治教育责任落实状况的考核细则。这一举措将有助于推动教师将思政教育与学科教学有机结合，进一步提升教育教学质量。考核细则应包括对教师思政教育理念、教学方法、教育成果等方面的全面评价，从而激发教师在课程思政建设中的积极性、主动性和创造性。同时，关注他们的发展，为他们提供有针对性的培训和指导，助力他们成长为优秀的教师。

（四）协同配合制度

在当今，人才培养已成为国家发展的重要内容。协同配合制度在人才培养过程中起着至关重要的作用，特别是在课程思政的推行过程中。我国明确提出全员育人、全过程育人、全方位育人的原则，以期构建全面的教育体系，培养具有社会主义核心价值观的新时代人才。

全员育人，意味着所有教育工作者都要积极参与到人才培养中来，充分发挥各自的专业特长，为学生提供全面的教育服务。在这个过程中，教师、家长、社会工作者等都要树立共同培养人才的理念，共同为学生的成长提供优质的教育资源。全过程育人，强调教育过程的连续性和完整性。从基础教育到高等教育，从学校教育到社会教育，都要注重人才的全面发展，使学生在各个阶段都能接受到系统、科学的教育。这就要求教育部门、学校、家庭等各方紧密合作，确保学生在成长过程中得到全面的关爱和教育。全方位育人，是指在教育活动中，要关注学生的德、智、体、美、劳全面发展。这就需要各个方面共同发挥作用，构建起涵盖政治、经济、文化、社会等各个领域的教育体系。在这个过程中，各方要密切配合，确保学生在不同时段、不同地点都能获得全面的教育。

在课程思政的运行过程中，如何凝聚各方面育人力量，成为实现协同育人的关键。首先，要建立健全协同育人的体制机制，明确各方的职责和权利，确保各个环节都能按照既定目标推进。其次，要加强沟通与合作，通过定期召开座谈会、研讨会等形式，及时解决协同育人过程中遇到的问题。最后，要加强对协同育人的宣传推广，提高全社会对协同育人理念的认同感和参与度。

为了更好地推动协同育人发展，我国出台了一系列相关协同配合制度。这些制度旨在鼓励和引导各方在不同时段、不同地点发挥出协同育人的功效。例如，开展课程思政优秀教学团队的评选，激发教师参与协同育人的积极性；加大对家庭、社会等方面参与协同育人的支持力度，形成全社会共同关心人才培养的良好氛围。

（五）动态评估制度

评价评估是具有导向、诊断和管理功能，它能有效地推动事物发展进程。在各种领域中，评价评估都有着广泛的应用。其中，课程思政作为我国教育体系的重要组成部分，更是需要借助评价评估的手段，推动其不断走向科学化、规范化和常态化。评估指标的价值取向会直接影响行动者的行动方向。这意味着，在设置评估指标时，需要充分考虑其公正性、客观性和全面性，以确保行动者能够在正确的方向上积极行动。同时，也需要关注评估指标的实时性和动态性，以便在行动过程中及时调整，确保行动目标的实现。

过程性或结果性的评估结果可以调动行动者的行动动机和积极性，起到监督和控制作用。通过对行动过程和结果的评估，可以更好地了解行动者的实际表现，对其进行合理的激励和约束。这种激励和约束机制，有助于提高行动者的积极性和工作效率，从而推动事物的发展。

在课程思政实施过程中，引入评估制度有着重要的意义。首先，评估制度可以实现主体、资源和运作过程的动态分析，有助于相关人员深入了解课程思政的实际运行状况，为课程改革提供有力支持。其次，评估制度可以有效监督和控制课程思政的实施过程，确保课程目标的有效达成。最后，评估制度有助于教育工作者及时发现和解决问题，为课程思政的持续发展提供保障。

随着我国教育改革的深入推进，课程思政建设已经成为高校教育教学的重要内容。为确保课程思政建设的质量和效果，构建科学、合理的评估制度至关重要。评估理念应坚持以立德树人、实现人的全面发展为终极目标，立足于培养具有社会主义核心价值观的新时代人才。

首先，评估制度应以授课对象的满意度为核心指标。这是因为，课程思政建设的最终目的是满足学生发展的需要，以及社会、国家对人才的需求。因此授课对象的满意度可以直观地反映课程实际效果。同时要建立动态的教学内容和模式评价制度，推动教师不断创新教学方法，提高教学质量。

其次，评估内容要立足于学校的管理过程和专业课的具体实际。这需要充分考虑学校、专业、课程的特点，制定具有针对性的评估指标，以确保评估的公正性和准确性。还要关注课程实施过程中的各个环节，如，教学设计、教学资源等，以全面评估课程思政建设的实际效果。

再次，评估方法要确保科学性，形成多元主体参与评估的发展格局。这意味着要采用多种评估方法，如，问卷调查、数据分析等，综合运用定性分析和定量分析，确保评估结果的科学性和客观性。同时，要鼓励教师、学生、家长、社区人员、专家等多元化的主体参与评估，以形成广泛的共识，推动课程思政建设的持续发展。

最后，评估原则要遵循整体性原则，评估内容包括显性课程和隐性课程的评估。这意味着要关注课程思政建设的各个方面，既要评估显性课程的教育教学效果，也要关注隐性课程在立德树人方面的作用。同时，要坚持主体多元原则，充分发挥教师、学生、家长、社区人员、专家等在评估过程中的积极作用，共同推动课程思政建设的开展。

四、价值逻辑

现在，思想政治教育正逐渐从单一的课堂教育转向全方位、全过程的教育。课程思政作为一种新兴的教育模式，其核心特点就是价值引领，将思想政治教育元素融入各类课程教学中，实现知识传授与价值引领相结合的课程目标。这就需要在传授学科知识的同时，关注学生的价值观养成，使学生在学习过程中，自然地接受思想政治教育，这种全方位、全过程的教育模式，有助于培养学生的正确世界观、人生观和价值观，提高其思想政治素养。

在课程思政的实施过程中，价值逻辑发挥着重要的指导作用。价值逻辑涵盖价值基点、价值选择、价值传递、价值诉求和价值实现五个方面，是课程思政教育教学活动的思维和行为立场。

价值基点是课程思政的基石。它要求教育者明确教育目标，立足于国家和民族的发展需要，培养有理想、有道德、有文化、有纪律的社会主义事业接班人。价值选择关注教育内容的选择和整合。教育者要根据时代特点和学生需求，选择具有现实意义和时代特征的教育内容，使之贴近生活、贴近实际，提高教育的针对性和实效性。价值传递是课程思政实施的关键环节。教育者要善于运用各种教学方法和手段，将价值观有机地融入学科知识中，实现思想政治教育的“润物细无声”。价值诉求是课程思政教育的目标导向。教育者要关注学生的个性发展和需求，激发学生的内在动力，使学生在学习过程中，自觉地追求真善美，树立正确的价值观。价值实现是课程思政教育的成效体现。教育者要通过科学的评价体系和有效的反馈机制，检验教育教学成果，不断调整和完善教育策略，提高课程思政的质量。

在新时代背景下，课程思政作为一种教育理念，其价值基点始终围绕着育人这一根本性任务。无论科技进步或社会发展如何改变，这一核心价值都不会动摇。育人，意味着培养德智体美劳全面发展的社会主义建设者和接班人，提升学生的思想水平、政治觉悟、道德品质和文化素养。课程思政作为一种新时代的教育模式，其主要载体为专业知识课程和日常生活场景。在这一教育理念的指导下，应坚持显性思政课程与隐性思政课程相结合，合理开发和利用各类课程思政的教育资源。这意味着，课程思政不仅是单一的思想政治理论课，更是对所有课程发挥育人功能的总要求。

在实施课程思政的过程中，需要注意的是，其育人的主要方式是协同育人、全方位育人、全过程育人。也就是说，在教育实践中，不仅要关注学生的专业知识学习，还要关注他们的思想动态、道德品质和审美素养等的培养。

社会主义核心价值观是新时代课程思政的价值选择，它丰富了社会主义核心价值体系的内涵，并为其实践提供了指导。它将国家、社会、公民的价值要求有机地融合在一起，既彰显了社会主义的本质要求，又传承了中华优秀传统文化，吸纳了世界文明的优秀成果，展现了时代精神。

社会主义核心价值观是对社会主义本质的一种价值概括，它是当代中国实践的要求体现。当前，我国无论是在经济、政治、文化、科技还是在教育领域，都取得了长足的进步和发展，但需要清醒地认识到，我国仍处于社会主义初级阶段，这就要求我们坚定不移地走中国特色社会主义道路。在此基础上，还要积极培育和践行社会主义核心价值观，以此塑造时代新人。

第二章

高校课程思政的育人功能

高校课程思政旨在充分发挥各专业课程的铸魂育人功能，推进高校课程思政建设。也就是将思政内容有机地融入专业课程之中，让学生在学习专业知识的同时也受到思想政治教育的熏陶，培养其思想道德素养和社会责任感。同时，课程思政要落实立德树人根本任务，提升人才培养质量，这需要高校将思政教育纳入全程、全方位的育人计划中，确保每个学生都能接受到思想政治教育的指导，培养全面发展的社会主义建设者和接班人。

高校课程思政具备充足的实施条件，制度保障是重要保障。这意味着要制定相关的制度和政策来保障思政教育的实施。此外，在中国特色社会主义背景下，高等院校课程思政本身就具有明确的指向性、时代性和内容多样性①。高校要注重培养学生的马克思主义思想基础，引导他们理解和把握时代发展趋势，同时也要关注各专业领域的独特思政内容。

① 冯海茹．高校思政课程与课程思政同向同行路径研究［D］．西安：西安理工大学，2023.

高校课程思政育人功能的充分发挥需要遵循深入挖掘与有机融入相结合、专业教学与思想政治教育相统一、课程思政与思政课程相呼应的原则①。这就要求将思政内容与专业知识有机地结合起来，创新教学方法，让学生在学习专业知识的同时也接受思政教育。实现高校课程思政育人功能的方法和路径多样化，包括提升专业课教师的意识和能力，不断探索和完善课程建设和教学环节，加大管理部门的支持和保障力度。如此，才能真正实现高校课程思政的目标，培养出更多有理想、有道德、有文化、有纪律的高素质人才，为我国的现代化建设贡献力量。

第一节　高校课程思政发挥育人功能的必要性和可行性

一、高校课程思政发挥育人功能的必要性

（一）更好落实立德树人根本任务的战略举措

课程思政建设是高校教育的重要举措，通过将思想政治教育融入课程体系，发挥课程育人的重要作用。《高等学校课程思政建设指导纲要》的发布对于推进这一工作具有重要的指导意义和积极影响，且该纲要的重要性不仅在于指导高校教育工作者在课程思政建设中如何操作，更在于强调这一工程对于国家长治久安和民族复兴的重要性。

课程思政建设被视为国家的重要战略工程，主要原因在于它关系到国家的长远发展。通过将思想政治教育贯穿于人才培养体系中，可以培养出思想品德高尚，具有社会责任感和创新精神的高素质人才，为国家的现代化建设和国际竞争提供重要的人力资源。

在实施课程思政建设的过程中，各高校要充分认识到这项工程的重要性。教育工作者需要提高自身的思想水平，深入学习领会《高等学校课程

① 刘洪仁，陈淑婷．高校思政课程与课程思政协同育人研究［J］．泰安：山东农业大学学报（社会科学版），2023，25（04）：146—151.

思政建设指导纲要》的要求和精神，将之贯彻到具体实践中。只有从大局、长远和战略的角度出发，把思想政治教育融入课程体系中，才能够实现课程思政建设的目标和任务。

对于高校教育工作者来说，他们在推进课程思政建设中发挥着重要的作用。他们应当在培养学生专业知识和技能的同时，注重培养学生的思想、道德和社会责任感。要通过教学、实践和互动等多种方式，引导学生树立正确的世界观、人生观和价值观，以及强化爱国主义教育和社会主义核心价值观的灌输。

要实现课程思政建设的目标，需要全社会的共同努力。政府、社会组织以及广大家长和学生都应当认识到课程思政建设的重要性，积极参与到这项工程中来。只有通过全社会的合作和共同努力，才能够实现课程思政建设对于国家长治久安和民族复兴的重要意义。

（二）是掌握我国高校意识形态领域斗争决胜权的有力抓手

当前，国内外的形势不断变化，高校的意识形态工作因此变得极其复杂。在这种情况下，对大学生进行思想政治教育，对他们进行价值引导是非常必要的。但是，单纯依靠传统的思想政治理论课已经无法满足新时代的要求，为更好地应对挑战，全面推进高校课程思政建设成为必然的选择。这样做的目的在于有效应对文化入侵，维护国家的根本利益。通过全面推进高校课程思政建设，可以让教师保持思想定力，引导学生正确认识中国和国际形势，加强他们的民族自尊心和国家自信心，在舆论环境中屹立不倒，维护国家形象和利益。

此外，全面推进高校课程思政建设还能提升学生的自信和辨析能力，帮助他们抵御有害思潮和错误倾向的侵蚀。当前社会上存在各种各样的错误思潮和有害倾向，特别是网络空间中充斥着大量的谣言和误导性内容。通过思政课程的全面建设，可以给予学生正确的引导，让他们具备更强的自信和辨析能力，从而在日常生活中避免被错误思潮和有害倾向影响。

（三）是提升人才培养质量的关键一招

随着高校人才培养的不断深化和发展，如何统一育人和育才的过程成为一个重要的问题。在这个过程中，立德是育人的根本，培养正确的世界观、人生观和价值观成为必要的内容。思政课虽然是大学生思想政治教育的主渠道，但其他专业课程也具备立德树人的潜力，理应充分发挥各专业课程中的思想政治教育元素。因此，强调高校课程思政的育人功能，让专业课程中的思想政治教育元素在教学中发挥作用，对学生的思想政治素质、家国情怀和使命担当意识的提升至关重要。通过潜移默化地培养学生的人格养成、知识学习和能力训练，高校课程思政能够有效提高学生的思想水平、政治觉悟、道德品质和文化素养，使学生成为德才兼备、全面发展的人才。

在高校教育中，各门专业课程都应该注重培养学生的思辨能力、创新能力和学术精神，同时，不可忽视思想政治教育的重要性。教师可以通过引导专业课程中的案例分析、讨论和辩论等教学方法，培养学生的思考能力和批判精神。此外，高校课程思政的育人功能还包括对学生的社会实践与服务意识的培养。通过组织社会实践活动、参与志愿服务等方式，学生能够深入了解社会问题，并认识到作为一名大学生的责任和使命。

二、高校课程思政发挥育人功能的可行性

（一）有雄厚的制度保障

《关于深化新时代学校思想政治理论课改革创新的若干意见》提出了一系列关键点，旨在进一步加强和完善学校思想政治课的教学内容和方法。这些关键点为完善当前学校思想政治教育体系提供了有力指导。一方面，该意见强调了挖掘高校各学科专业课程中的思想政治教育资源，以解决课程与思政课配合的问题。通过深入挖掘各个学科门类的专业课程，可以将思想政治教育融入更为具体的专业学习中，使学生充分理解和掌握思政知识，并将其应用到实际学习中。另一方面，该文件呼吁构建全面覆盖、类型丰富、层次递进、相互支撑的课程体系，充分发挥各类课程的育人功能。通过构建丰富多样的课程体系，可以更好地满足学生的多元化需求，并激发他们对知识的兴趣和热情，提高其综合素质和能力。

《高等学校课程思政建设指导纲要》指出要围绕全面提高人才培养能力，推进课程思政建设。这一要求意味着在推进课程思政建设过程中，要紧密结合学生的培养目标和需求，注重培养学生的创新意识、实践能力和社会责任感。

《教育部等八部门关于加快构建高校思想政治工作体系的意见》提出要全面推进所有学科课程思政建设，重点建设提高学生思想道德修养、人文素质、科学精神和认知能力的公共基础课程。这表明要将思政教育贯穿于各个学科课程中，使学生在学习专业知识的同时，获得全面的思想政治教育。

《高校思想政治工作质量提升工程实施纲要》等多部文件都对高校课程思政工作进行了战略部署和宏观规划，强调促进学生全面发展和健康成长。各级、各类学校在开展课程思政建设时，要充分借鉴这些文件的指导和规划，推动学生在各个方面的全面发展。

这些文件为各级各类学校开展课程思政建设提供了制度前提和保障，并为一线教师推进教学改革提供了依据和信心。学校要加强对课程思政工作的组织和管理，制定相应的政策和措施，同时为教师提供培训和支持，以提高其教学水平和能力。

（二）各门课程自身具备必要条件

各专业课程都能实现铸魂育人的教育目标，尤其在设计学生心理活动、学习方式、个性发展、文化生活和健康成长等方面有着显著的优势。各专业课程不仅蕴含了丰富的知识，更蕴含了能力提升、价值引领等多重思想政治教育元素。例如，在外语类课程中，思政建设工程应守好意识形态阵地，着重讲好中国故事，培养具有国际视野和中国情怀的国际专业人才，并且要培养了解西方文化的同时，又坚定中国特色社会主义制度信念的合格外语教师队伍。通过外语课程思政的开展，学生可以获得跨文化交流的能力，增加对世界其他文化的了解，同时也能够建立自身对中华优秀传统文化的自信与认同。

每门课程都有其学科代表人物和光辉事迹，具备独特的存在价值与文化诉求。通过将这些代表人物和事迹融入课程中，可以激发学生的兴趣和潜能，引导学生树立正确的人生价值观和世界观。推进课程思政建设工程及其育人功能的充分发挥具有很高的可行性。在实施中，可以通过丰富多样的教学内容和教学方法，培养学生的创新能力、合作精神和实践能力。同时，还可以通过开展主题教育活动、社会实践和实习等形式，使学生在实践中感受到思政教育的力量和意义。

第二节　高校课程思政育人功能的特点

培养什么人是教育的首要问题，而高校课程思政的育人功能在这方面发挥着重要作用。全面推进课程思政建设不仅关乎国家未来的长治久安和民族复兴，更关系到国家的崛起。

高校课程思政的具体特点是多方面的，它不仅注重知识与价值观的有机结合，通过课程思政，学生能够获得必要的知识技能，培养正确的世界观、人生观和价值观；还注重培养学生的创新精神和实践能力，通过启发学生的思维，培养学生的实践能力，使他们能够面对未知的挑战并做出正确的决策；课程思政更强调终身学习和个人发展。它帮助学生在高校期间进行全面的学习，鼓励学生在毕业后继续学习和发展。

一、高校课程思政发挥育人功能的具体特点

（一）课程思政育人功能具有明确的指向性

教育和办学的终极目标是为了培养适应社会发展所需的人才。在社会主义国家的教育体系中，根本任务是培养社会主义建设者和接班人。因此，高校课程中的思想政治教育必须紧密围绕爱国、爱社会主义、爱人民、爱集体这一主线展开。高校课程思政的内容和目标非常重要，因为它直接关系到培养学生正确的政治方向。正确的政治方向是社会主义教育中的核心原则，也是高校课程思政发展和教育事业成果的关键所在。思政课

程应该通过传授正确的价值观念和思想观念来引导学生，使他们树立正确的人生观、价值观和世界观。这就要求高校课程思政要紧密围绕爱国、爱社会主义、爱人民、爱集体这一主线展开，培养学生具备坚定的政治信仰和正确的政治方向。在高校课程思政的教学过程中，教师要善于引导学生深入理解和掌握社会主义核心价值观，充分发挥其榜样作用，激发学生的爱国热情，激励他们为中国特色社会主义事业的发展贡献自己的力量。

此外，政治方向的正确与否也直接影响到高校课程思政的发展和教育事业的成果。政治方向的正确性意味着在高校课程思政教育中遵循马克思主义基本原理，坚持正确的中国特色社会主义道路。这样可以确保课程思政教育贯彻党的中心工作和教育方针，从而使教育事业取得积极的成果。

（二）课程思政育人功能具有鲜明的时代性

在新时代背景下，我国教育事业有了新的要求，青年学生对课程思政建设工程也有着新的期待。课程思政要站在当前时代的高度，满足青年学生成长发展的需要。

一方面，思政工作是做人的工作。它关注学生，服务学生，旨在提升他们的思想水平、政治觉悟、道德品质和文化素养，培养德才兼备、全面发展的人才。这既要求教育工作者有高尚的道德品质和丰富的知识，也要求他们能够关注学生的成长需求，给予他们正确的教育引导。

另一方面，思想政治工作者要教育引导学生正确认识世界和中国发展大势，正确认识中国特色和国际比较，正确认识时代责任和历史使命，正确认识远大抱负和脚踏实地。这意味着思政课程需要关注当代中国和世界的现状，使学生能够认清国际形势和中国的发展方向，在培养学生对国家和社会的责任感的同时，也要让他们树立正确的人生价值观和奋斗目标。

以上都体现了对教育工作者的期望，也揭示了课程思政在培养人才方面所具有的时代性。在新时代，思政课程应该紧跟时代潮流，从学生的角度出发，形成有针对性的教育内容和教学方法。只有这样，才能更好地满足青年学生对课程思政的期待，更好地推动我国教育事业的发展。

《高等学校课程思政建设指导纲要》要求推进习近平新时代中国特色

社会主义思想进教材、进课堂、进学生头脑，以引导学生正确认识世界和中国的发展方向。其目的在于培养学生成为社会主义建设者和接班人，并通过科学设计的课程思政教学体系，增加课程的知识性和人文性，提升引领性、时代性和开放性。

随着时代的变迁，道德的外延也随之丰富发展，包含了国家和社会的现实需求。课程思政工作要与当代中国马克思主义和新时代马克思主义紧密结合，以培养、践行社会主义核心价值观。如果与这些理论脱节，课程思政工作将缺乏时代生命力，无法推进马克思主义中国化、时代化和大众化。

为了贯彻这一要求，高等学校需要不断更新教材内容，将习近平新时代中国特色社会主义思想融入教材体系，并创造性地引导学生思考、分析和表达。此外，课程设计也要注重开拓学生的思维，提高他们的批判性思维能力和创造性思维能力，使他们能够独立思考并做出正确判断。教师在课堂上应充分发挥引导者和引领者的作用，帮助学生理解和把握社会主义核心价值观，并通过案例分析、讨论和互动等方式，使学生能够主动思考和实践社会主义核心价值观。此外，教师还应在课件和 PPT 中引入多元视角，以开放的心态对待不同观点和观念，培养学生的认识和理解多样性的能力。

（三）课程思政育人功能具有内容的多样性

课程思政育人功能的内容多样性特点是由高校专业科目类别多样性决定的。不同专业的课程思政育人内容和方式存在一定的差异，但都是围绕立德树人的目标展开的。立德树人的成效是检验学生企业工作的根本标准。高校的一切工作都应当以培养德智体美劳全面发展的社会主义建设者和接班人为目标。思政教育的成败不仅可以通过学生的思想政治表现来衡量，还要考查学生的道德修养、自身素质和社会责任感等。

高校的课程思政应当充分关注学生的政治认同和国家意识，培养学生的家国情怀和文化素养，同时注重培养学生的宪法法治意识和道德修养。高校课程思政育人功能的全部内容包括育德、育智、育体、育美、育劳。课程思政应当全方位地培养学生的品德和道德素养，提高学生的智力和学术素养，注重培养学生的体育健康和审美素养，同时关注培养学生的劳动精神和实践能力。在课程思政育人功能整个体系中，育德是核心，包括理想信念、文化素养等诸多内容。高校课程思政要注重培养学生正确的理想信念和价值观，帮助学生树立正确的人格养成目标，并注重培养学生的文化素养和心理健康。

高校课程思政育人功能的内容形态与具体表现是多元多样的，需要深入发掘其育人功能的逻辑前提。高校的课程思政育人功能可以通过多种方式和形式来实现，包括课堂教学、校园文化建设、社会实践等，需要深入研究和探索其育人功能的逻辑前提。各门专业课程蕴藏着丰富的思想政治教育资源，这些资源可以通过课程设计和教学实践来有效地挖掘和利用，帮助学生在专业学习中获得思想政治素养的培养。

二、高校课程思政发挥育人功能的深入发掘

（一）课程思政育人功能的深入发掘，实属立德树人所需

在教育领域中，培养什么人、如何培养人以及为谁培养人，一直都是教育的根本问题。而立德树人的成效，是评价高校各项工作的根本标准。想要实现立德树人的成效，就要深入发掘思政课程的育人功能。思政课程在高校教育中的重要性不言而喻，它是培养学生思想政治素养的主渠道。因此，要深入挖掘并发掘出这一课程的育人潜力，使之得以充分发挥。

此外，还需要进一步挖掘高校各门专业课程中的思想政治教育资源，并激活这些资源的作用。所有课程都应该融入思想政治教育的要求，将内在的、内生的价值理念外化到教学活动中。这样一来，不仅思政理论课发挥领唱的作用，其他课程也能合奏出和谐的音符，而不是噪音。

高等教育应该成为一场铸魂育人的大合唱，符合新时代中国高等教育的发展规律①。这是所有教育工作者追求的目标。各级各类课程与思政课

① 钱周伟. 新文科视域下高校思想政治教育建设的路向探析［J］. 南宁：高教论坛，2023，(10)：1—7.

同心协力，坚持社会主义办学方向，充分发挥育人功能，最终为培育社会主义事业合格的建设者和可靠的接班人服务。

（二）课程思政育人功能的深入发掘，自当遵循内在发展规律

随着社会的发展和变革，高校的思想政治教育在培养人才中的作用愈发凸显，课程思政育人功能的指向性和时代性成为重要关注点。高校各专业课程所蕴藏的思想政治教育资源，如果未被开发和利用，就无法转化为实际的功能或能量。因此，如何将这些资源转化为实际育人成果成为需要探索的课程思政之门。

首先，科学施加作用力可以激发出巨大的能量。在开展课程思政的过程中，要根据不同学科专业的特点和优势，深入研究不同专业的育人目标。只有深入了解不同专业的思政要求，才能施加相关作用力，激发出资源的能量和能力。这种科学施加作用力的方式可以更好地推动学生的全面发展。

其次，挖掘专业知识体系中的思想价值和精神内涵，并拓展课程的广度、深度和温度也是非常重要的。每个专业都有其独特的知识体系，要从中挖掘出思想价值和精神内涵，并将其与课程思政相结合。通过这种方式，能为学生提供更为丰富和多元的知识，同时也能够增强课程思政的引领性和时代性。

最后，还要从多个角度增加课程的知识性和人文性，从而提升课程的开放性。这意味着要将课程思政与学科知识有机地结合起来，使其能够有助于学生对学科的全面理解和自主研究。除此之外，还可以通过增加与现实社会和文化背景相结合的案例分析、实践活动等课程设计来扩大课程的开放性，使之更符合学生的实际需求。

（三）课程思政育人功能的深入发掘，必有事半功倍之方略

根据《高等学校课程思政建设指导纲要》的要求，各类课程都应重视思政教育，通过一定的课程内容和教学方式，培养学生的政治意识、道德情操和价值观念。例如，医学类的课程应注重医德医风教育，让学生能够

敬畏生命、尊重生命。这样的教育旨在培养学生的医学职业道德，使他们成为拥有患者利益至上的情感和行为方式的医务人员；而美学类的课程则可以通过让学生感悟理想信念纯洁之美，来培养他们的美学素养和文化修养。

根据《教育部等八部门关于加快构建高校思想政治工作体系的意见》，农学类专业的课程应该注重培养学生的大国“三农”情怀，引导他们关心、理解、支持农业和农民；教育类专业课程应培养学生传道、授业、解惑的能力。

为充分发挥课程思政的育人功能，需要充分挖掘资源，教师在其中起着关键作用。全面建设课程思政的目的是让各类课程在知识传授、精神塑造、价值理念传播的过程中发挥思政教育的功能。培养学生的人文情怀、创新能力、工匠精神，通过帮助学生在知识积累中增强政治认同，培养其思想道德素养和综合素养，塑造正确的世界观、人生观、价值观。

第三节　高校课程思政育人功能的原则与规范

一、坚持深入挖掘与有机融入相结合

（一）深入挖掘高校各门专业课程中的思想政治教育元素是首要

在大学教育中，专业课是学生学习的重要一环。但除了传授专业知识之外，专业课还应包含思想政治教育元素，以培养学生的思想道德素养和社会责任感。因此，专业课教师需要主动挖掘课程中的思想政治教育元素，并将其作为课程思政的重要支点。课程思政不是一种外部强加的教育形式，而是深深扎根于课程本身的内在需求。它满足了学生对于寄生需求的内生动力。无论是文科课程、艺术课程还是医学课程，都能融入具备滋润学生心田的思想政治教育元素。只有教师具备责任心和自觉意识，就能发掘出这些元素并加以运用。

每门课程都包含有一定的思想政治教育元素，只不过有些可能不够明显。教师在备课的时候要有意识地去寻找和思考，如何将专业知识与思想政治教育相结合。例如，在一门文科课程中，教师可以引导学生分析文本背后所蕴含的价值观、道德观；而在医学类课程中，教师可以引导学生关注患者的人文关怀，以及职业道德。通过这些引导，学生能够在学习专业知识的同时，培养思考问题的能力和正确的价值取向。专业课教师要关注学生的心理需求，了解他们的思想动态，才能更好地运用思政教育元素。通过思想政治教育，学生的思想道德水平得以提升，他们将更好地适应社会的发展和变化，为社会做出积极的贡献。

（二）将思想政治教育元素巧妙融入专业课程教学是关键

巧妙融入即以恰当的方式将思想政治教育元素有机融入高校课程中，从而使其成为学生教育的一部分。为了实现巧妙融入，教师需要选择适当的时机、适度控制融入的内容，并进行适度阐释，避免过多引用经典作家的观点、过分依赖他人观点。只有通过科学融入和有机融入，思想政治教育元素才能在课程中自然而不突兀地呈现出来。

要实现巧妙融入，教师需要找到专业课程与思政内容的契合点，挖掘德育内涵，并建立隐性联系。这意味着教师需要通过深入研究专业课程和思政内容，理解二者之间的共同点和联系，以便有效地将其融合在一起。通过增加专业课程与思政内容的内在生成关系，教师可以避免生硬地搭建联系，而是将其融为一体。

二、坚持专业教学与思想政治教育相统一

高校肩负着引导学生理解社会、认同国家、履行使命的重要职责。要实现这一目标，需要构建一个全面的课程体系，要求各个学科的课程相互协同，形成学科协同育人模式，共同达成教学目标。其中，专业教学与思政教育的有机统一至关重要，不可割裂或对立。专业课程教学应不仅仅是教好专业知识和技能，同时也要起到思想政治教育的作用。在教授专业课

程的过程中，需要注意培养学生的思想品德，增强他们的社会责任感和使命感。

要实现课程思政建设的目标，首先要重视课程设计和建设。课程思政建设的基础在于课程设计和教材选择，这决定了引导学生理解社会、认同国家、履行使命的能力和水平。同时，在课堂教学中，教师要通过激发学生的思考和讨论，引导他们主动地学习和思考社会问题。课堂上的互动和教学方法需要与课程思政的目标相契合。

近年来，教育界普遍把课程思政作为重要的教育改革方向。但在推行课程思政的过程中，不能忽视专业课程的重要性。课程思政应该强调与专业课程的关系，而不是削弱专业课程的价值。只有在专业教育的基础上，课程思政才能成为有价值、有分量的思想政治教育载体。

专业课程是培养学生专业能力和实践技能的基础，是学生未来职业发展的重要保障。因此，在专业课程教学的基础上，进行思想引导，可以更好地培养学生的意识形态素养。专业课程教学为学生提供了一个系统学习专业知识的平台，使他们具备了解决实际问题的能力和思维方式。这为课程思政提供了广阔的空间，使学生在专业学习的同时，能够接受思想政治教育。但若是忽视专业教育，只注重推进课程思政，就可能会陷入“邯郸学步”的境地。专业教育是培养学生专业能力、实践能力的关键环节，如果忽视了这一环节，将会有损学生的职业发展。因此，在推行课程思政的同时，也要搞好专业教学，使之成为课程思政的基石。

“专业知识的培养是立德、育人的关键。”专业知识不仅仅是一种学科技能的传授，更是一种价值观和道德规范的引导。通过丰富广博的教学内容与知识体系，帮助学生建构德行修养，可以促使学生的思想世界和精神境界的成长。因此，专业知识不仅仅包含着专业技能，更是培养学生思想、文化、道德层面的完善。

三、坚持课程思政与思政课程相呼应

高校课程思政育人功能的充分发挥需要思政课与课程思政相互参照、

相互配合，共同发挥育人育德的作用。思政课程和课程思政虽然有着共同的政治属性和要求，但在定位、方式等方面又存在着不同。

一方面，思政课程是集中的思想政治教育，通过专门设置的思政课来开展教育。而课程思政则是分散的思想政治教育，通过各门课程中的思政元素来渗透教育。为了充分发挥两者的功能，需要将集中和分散统一起来，将课程思政融入各门课程之中，使之成为全员育人的重要手段。另一方面，课程思政主要以隐性教育为主，采取柔性缓进的方式进行教育。与传统的思政课程相比，课程思政能够避免受教育者产生逆反心理，更好地实现教育效果。这种柔性的教育方式意味着教育者需要更加巧妙地引导学生思考，通过潜移默化的方式进行教育，使学生能够在不知不觉中接受思政教育。

特别是在艺术类专业课程中，需要弘扬中华美育精神，引导学生传承和弘扬中华优秀传统文化，提高学生的审美和人文素养，增强文化自信。艺术类专业课程教师应该具备正确的专业伦理素养和思想道德品质，通过正确引导学生对思想政治的认知，培养学生良好的艺术品德。艺术类学科开展课程思政也需要找到思政教学内容与艺术学教育内容的契合点，以实现思政课程与艺术学课程思政的协同作用。通过与艺术学教育内容的融合，可以使学生在学习艺术的同时，接受思政教育，培养其艺术思想操守和社会责任感，形成良好的艺术素养和人文素养。

在高校的课程和教学格局中，思想政治理论课有着重要的作用。它是其他课程开展课程思政工作的强大后盾和依托。因为思想政治理论课直接面向学生，教授他们关于马克思主义、中国特色社会主义的理论知识和价值观，培养他们的思想政治觉悟和综合素质。这些知识和觉悟对学生的专业学习和未来职业发展都起着重要的指导、促进作用。

为了更好地开展课程思政工作，各门专业课任课教师应该加强与马克思主义学院教师的交流与合作。可以通过定期开展座谈会、研讨会等形式，互相交流教学经验和心得，共同探讨如何在专业课中强调课程思政工作。此外，专业课教师还可以接受马克思主义学院教师的培训和指导建议，提高他们的思政教学水平和能力。

以大连理工大学为例，该校积极推进了外语“课程思政”体系的建设。在这一体系中，学校建立了课程思政资源库，收集和整理了丰富的教学资源，包括教材、教学案例、优秀教学论文等，供专业课教师参考和使用。此外，学校还组织、开展了示范课，邀请经验丰富的教师进行示范授课，以帮助其他教师改进教学方法和技巧。同时，学校还制定了详细的教学指南，指导教师如何在专业课中融入课程思政内容，为他们提供备课参考和思路。

第四节　高校课程思政育人功能的发挥路径

高校专业课程是实施课程思政建设的基本载体，也是发挥育人功能的重要途径。为了加快构建高校思想政治工作体系，教育部等八部门联合印发了《教育部等八部门关于加快构建高校思想政治工作体系的意见》，其中一个要点是要加强哲学社会科学各学科专业中的马克思主义理论课程建设，以确保学生掌握马克思主义理论基础知识。此外，还要全面推进所有学科的课程思政建设，使思想政治教育贯穿于各个学科的教学过程中。

为了充分发挥高校课程思政的育人功能，需要采取多种方法和路径。一方面，可以通过优化课程设置、更新教材内容，使其更贴近时代需求，更能引导学生思考时事和社会问题。另一方面，可以加强教师队伍建设，提高教师的思想政治素养和教育教学水平，从而更好地引导学生。同时，还可以通过开展各种形式的课外教育活动，如思政讲座、座谈会、读书会等，加强学生的思想政治教育。此外，利用现代信息技术手段，如网络教学平台、在线社群等，扩大思政教育的覆盖面和影响力。在实施课程思政建设过程中，还需要加强学院、学部、年级等层面的组织领导，建立一套科学有效的管理机制，形成合力，推动教育育人工作的开展。具体来说，充分发挥课程思政育人功能的方法和路径主要有以下几种。

一、专业课教师要增强课程思政意识和能力

首先，课程思政建设的总目标是解决当前人才培养的核心问题。为了适应社会主义现代化建设的需要，要培养具备全面发展特点的人才，他们不仅在专业知识上有扎实的基础，还具备良好的思想政治素养和道德情操。因此，课程思政建设要解决的第一个问题是培养什么样的人。

其次，课程思政建设还要解决怎样培养人的问题。在课程设计、师资培训和教学方法上，要通过创新和改革来提升教师的教育水平和教学质量，使他们能够更好地履行思政教育的职责。通过多元化的教学手段和切实有效的培养方法，更好地培养出符合社会需求的人才。

最后，课程思政建设要为谁培养人也是一个关键问题。要明确人才培养的对象是谁，以及培养的目标是什么。在新时代，要培养出一批具有创新精神、实践能力和社会责任感的社会主义建设者和接班人。他们将负责推动社会主义现代化建设，为国家和人民的发展做出贡献。

因此，专业课教师在课程思政建设中起着重要的作用。他们需要不断增强自己的思政教育意识和能力。通过学习和培训，更好地理解和应用思政教育的理论和方法，使课程思政更加自然贴切、适时适度。只有这样，才能培养出更多优秀的社会主义建设者和接班人，为国家和社会的发展做出更大的贡献。

（一）专业课教师要增强开展思想政治工作的意识和能力

高校教师在现今社会中的角色不仅仅是传授知识，更应强化思政教育的意识，提升课程中思政的自觉性和主动性。一个合格的教师必须具备过硬的思想政治素质，怀揣着对家国天下的责任和担当。

教师应该认识到，不论是什么课程都应该具备育人的功能，应充分发挥育人的作用。教师不仅仅是知识的传播者，更应该是学生的指导者、启迪者和引导者，帮助他们成为积极向上、具有社会责任感的人才。

《中华人民共和国教师法》中明确规定了教师的使命，教师既承担着

教书育人的任务，也肩负着培养建设者和接班人的重要责任。这意味着教师不仅要培养学生的学术能力，还要培养他们成为社会的栋梁之材，承担起推动社会进步、建设国家的重任。教师在履行使命的过程中，应该尽职尽责地履行对学生的思想品德教育、促进学生全面发展的义务。教师应注重培养学生的道德品质和良好的行为习惯，引导他们树立正确的价值观和人生观。同时，教师也应关注学生的全面发展，帮助他们培养身心健康、具有创新能力和实践能力的综合素质。

（二）要有做好做优思政课程教学设计的思想意识和能力

课程思政理念的核心是将知识传授与价值引导有机统一起来，提炼出爱国主义情怀、文化自信、人文精神等资源和理念。为实现这一目标，教学设计应周密完备且合理妥帖，从而将思想政治教育元素与专业知识无缝对接。

在经管类课程中，不同章节的教学目标和要培养的能力或素质目标会有所不同，但都应关注学生的家国情怀以及世界观、人生观、价值观的塑造。为了实现这些目标，教学设计必须明确教学目标和内容。举个例子，在《国际贸易原理》第二章的课程中，教学设计应包括国际贸易基本概念辨析能力、绝对优势理论推导过程等内容。

教学设计还应注重培养学生的专业理论素养，同时提升他们的文化自信、质疑精神和逻辑思维能力。这意味着教学设计不能仅仅停留在理论层面，还要与实际相结合，培养学生解决实际贸易问题的能力，从而达到理论联系实际的基本素质。

另外，教学设计还要达到德育目标。它可以通过提升学生的文化自信，培育他们的爱国情怀等方式实现。这是因为在课程思政中，德育教育是不可或缺的部分，它旨在培养学生的正确价值观和道德观，使他们成为具有高尚品德的社会主义事业可靠建设者和接班人。

（三）提升课程思政实施者的人格魅力

高校课堂扮演着铸造学生品质的核心角色。而要在课堂中实施有效的教学，教师的人格魅力是必不可少的条件。因此，培养和提高教师的人格魅力就成为提高课程思政教学效果的重要途径和要求。人格魅力的培养需要教师在多个方面下功夫，如，思想、行为、气度、知识等。教师要不断提高自己的道德水平，树立正确的价值观和道德观念，重视自己的行为举止，以身作则。同时，教师也需要不断充实自己的知识和能力，保持与时俱进的态度。

此外，教师还应帮助学生了解专业和行业领域相关的国家战略、法律法规、政策。通过将这些内容融入课堂教学中，可以帮助学生更好地理解和应用知识，并在实践中积累经验。教师还应积极引导学生深入社会实践，关注现实问题的思想意识，通过实践，学生可以与社会接触，了解社会问题，培养其解决问题的能力和意识

最后，教师要着重培养学生的职业素养，如，经世济民、诚信服务、德法兼修等。通过课堂教学和实践活动，教师可以激发学生对社会责任的认识，引导他们树立正确的职业道德观和价值观。

二、专业课教师应当在课程建设和教学环节上寻找突破

（一）积极发挥课程知识的育人功能

专业课程在育人过程中具有重要的作用，然而要发挥它的育人功能，教师就要对专业知识有深入的认知和把握。这意味着教师需要了解专业知识的实质和内涵，以及其所蕴含的思想政治教育内容。客观的知识、严整的体系和严密的推理，都体现了思想政治教育的元素。为了达成课程思政的教学目标，要深入梳理专业课教学内容，挖掘其中的思想政治教育元素。专业知识背后的价值观、精神和思想应得到挖掘，融入课程教学中，以实现育人效果。

例如，在“生物化学”专业课程改革中，不仅应关注学生的专业知识学习，还要培养学生的创新思维和人文素养。也就是要让学生的专业知识与文化素质教育同步提升，激发他们对专业学习的兴趣和热爱。通过关注学生创新思维和人文素养的培养，可以确保他们在专业领域有更深入的研

究和探索，同时也能更好地与社会发展、人文精神相匹配。同时，也要通过课程教育，让学生树立正确的人生观和价值观，培养他们对国家和民族的自豪感。这些目标不仅可以为学生的职业技术和职业道德塑造提供坚实的基础，还能帮助他们在人生道路上取得成功。因此，专业课程改革不仅要关注专业知识的传授，还要关注学生的全面发展和社会责任感的培养。

（二）从学科史上去挖掘科学工作者的贡献和品德

每一门学科中都蕴含着丰富的思想政治教育资源。随着科学发展和技术进步，人们对于科学奥秘的探索和发现不断深入，这不仅为人们提供了新的知识，也为思想政治教育提供了丰富的资源。科学奥秘是人类智慧的结晶，是人们对世界运行规律的理解和探索。通过学习和了解科学奥秘，可以培养学生的探索精神、创新思维和科学素养，这些都是思想政治教育所需要培养的品质。

学科教育是培养学生综合素质的重要途径，其中包括了培养学生的政治认同、家国情怀、文化修养、法治意识和道德修养等方面。政治认同是学生对国家和社会的认同和归属感，培养学生积极参与社会事务、热爱祖国、关心民族命运的情感和态度。家国情怀是培养学生热爱祖国、关心国家发展、为国家繁荣贡献力量的情感和意识。文化修养是培养学生对传统文化的理解与尊重，同时也包括了对多元文化的认知和包容。法治意识是培养学生对法律的尊重和遵守，以及对法治国家建设的支持和参与意识。道德修养是培养学生正确价值观、积极道德行为和良好品德的培养。

推进习近平新时代中国特色社会主义思想进教材、进课堂、进学生头脑，培育和践行社会主义核心价值观。习近平新时代中国特色社会主义思想是国家事业发展的科学指南。教育引导学生学习和贯彻习近平新时代中国特色社会主义思想，将其作为思想政治教育的重要内容，对于培养社会主义建设者和接班人具有重要意义。推进习近平新时代中国特色社会主义思想进教材、进课堂、进学生头脑，可以通过编写和修订教材，开展讲座、研讨等形式，加强学校思想政治教育，培育和践行社会主义核心价值观。

加强中华优秀传统文化教育，深入开展宪法法治教育。中华优秀传统文化是中华民族宝贵的精神财富，是中华民族发展的根基和灵魂。加强中华优秀传统文化教育，可以通过学校的课程设置和教学组织，加强对中华优秀传统文化的学习和传承。同时，深入开展宪法法治教育，培养学生对宪法法律的尊重和遵守，增强学生的法治意识和法治观念。通过宪法法治教育，可以让学生了解国家的法律制度和法治建设，学习法律知识，提高法律素养，成为遵纪守法的公民。

深化职业理想和职业道德教育，引导青年学生牢固树立红色理想。青年学生是祖国的未来和希望，培养他们正确的职业理想和道德观念十分重要。深化职业理想和职业道德教育，可以通过学校的教育活动、社会实践等方式引导学生了解不同职业的特点和要求，培养他们对不同职业的认同和选择正确的职业道德。同时，也应引导青年学生牢固树立红色理想，通过学习和了解革命先烈的事迹与精神，激励他们为实现中国梦、共圆复兴大业而努力奋斗。

（三）联系社会现实，增强思想政治教育的针对性和说服力

在进行专业知识教学的同时，应将其与现实社会相结合，通过各种方法来发掘真善美的元素，抨击假恶丑。这样做不仅可以使学生更好地理解知识，而且能引导他们认识到真善美的重要性。专业课程，本身就蕴含着真善美的元素，挖掘和展现这些元素是课程思政建设的基础和重点工作。通过引入现实内容和展现真善美的事例，可以使抽象的知识变得更加具体和鲜活，从而更好地传达给学生。教师在教学中不仅仅要传授学科知识和技能，还需要教导学生如何运用这些知识和技能为社会做贡献，报效国家。例如，在医学类专业课程中，应该注重医德医风教育，培养学生的医者精神。在培养学生医术的同时，教育引导他们将人民群众的生命安全和身体健康放在首位，提升综合素养和人文修养。这样可以增强学生的社会责任感和人文关怀，使他们成为合格的医生。此外，还应该注重培养学生应对重大突发公共卫生事件的能力，使他们能够在面对类似情况时做出正确而有效的决策和行动。只有这样，他们才能成为人民真正信赖的医生。

三、管理部门从体制机制上加大支持和保障力度

（一）高校管理层要认识到位、保障有力

高校管理层要重视全面推进课程思政建设工作。这是因为，正确的价值观塑造对学生来说至关重要。高校管理层应高度重视，并提供必要的支持和指导，制定相关举措。一种可行的方式是设立课程思政的相关课题，鼓励教师参与其中，并进行培训和经验交流。通过这样的方式，可以增加教师参与课程思政建设的积极性，同时也可以提高他们思政教育的能力和水平。

现在，大部分高校领导对思想政治课的意义已经有了深刻的认识，逐步增加了对其建设和教学改进的支持力度。为进一步提升学校的思想政治工作水平，可以将思想政治课程与课程思政进行整合。这样，在教学过程中，不仅可以培养学生正确的价值观，还可以提高他们的思想政治素养。通过共同努力，学校可以更好地履行其教育使命，为社会培养更加优秀的人才。

（二）积极构建课程思政与思政课程协同育人机制

在当前高校思想政治教育工作中，构建思政课程与课程思政的系统育人机制是一个重要的方向。这需要通过改进思想政治教育课程，提升教育的亲和力和针对性，满足学生的成长需求和期望，使其他各门课程与思政课程保持一致，形成协同效应。为实现这一目标，需要建立健全各门专业课与思政课的协同育人机制。这种机制将使“课程思政”成为加强思想政治工作的一种新思路和新方式。它将充分挖掘出不同学科、专业课程中的思想政治教育资源，发挥其立德树人的功能，形成全方位和全功效的思想政治教育课程体系。

课程思政并不是一个有机统一的课程体系，其核心是从各门课程中挖掘出思想政治教育资源，形成全学科、全功效的思想政治教育课程体系。这将有助于学生的深入学习和思考，增强他们的思想政治素养。

一旦建立起课程思政与思政课程的协同育人机制，将能更好地发挥课程思政铸魂育人的作用。这意味着通过课程思政，可以在各个学科中培养学生的思想道德素养，引导他们树立正确的世界观、人生观和价值观。这对于培养具有社会责任感和家国情怀的优秀人才具有非常重要的意义。

（三）做实做好教师课程思政绩效考核工作

课程思政绩效考核是对专业课教师在开展课堂教学改革、发挥专业课教师育人作用方面的重要手段。这个考核应遵循正确的政治方向，同时兼顾思政与专业的有机融合。

在考核内容方面，需要包括一些重要的标准。比如，需要评估课程思政的目的和价值引领是否明确，是否充分挖掘了思政元素，以及思政与专业知识的融合程度。也要考察该课程是否具有时效性和针对性，是否能对腐朽观点和错误思潮进行批判和抵制等。此外，还需要关注学生在教师实施课程思政过程中，是否受益以及受益程度①。毕竟，学生的收获和成长才是教学工作的最终目标。

为确保考核的准确性和客观性，课程思政绩效考核应与教师的自评和他评相结合。教师自评能帮助教师反思教学实践，他评能为教师提供外部视角。这样综合起来，可以更全面地评价课程思政的实际效果。

---

① 张伟，常春. 新时代高校课程思政评价体系构建：价值导向、评价原则及路径选择［J］. 哈尔滨：教育探索，2023，（11）：38—43.

第三章

高校课程思政的内容体系建设

大学生的素质，尤其是思想政治素质决定着他们能否成为社会主义事业的合格建设者和可靠接班人，而这又关系到国家的事业和稳定，以及全面建成社会主义现代化强国和中华民族伟大复兴中国梦的实现①。为了使大学生具备良好的思想政治素质，高校思想政治理论课承担了对大学生进行系统性马克思主义理论教育的重要任务，通过学习，大学生可以接触到丰富的马克思主义理论和相关社会科学知识，从而深入了解社会主义核心价值观和中华优秀传统文化，为学生形成正确的世界观、人生观和价值观提供了途径。

高校思想政治理论课在培养大学生的思想政治素养方面具有不可替代的作用。大学生可以通过系统学习马克思主义理论和相关知识，掌握正确的思想政治理论，增强他们的政治敏锐性和理论思维能力。同时，高校思想政治理论课还能帮助大学生认识到自身的社会责任和使命，并引

① 任静. 高校思想政治教育亲和力的提升策略研究［D］. 阜阳：阜阳师范大学，2023.

导他们树立正确的思想观念，培养他们的爱国主义精神、集体主义精神和社会责任感。

在高校思想政治工作中，高校思想政治理论课要充分发挥主渠道、主阵地的作用。这是学校对学生进行系统思想政治教育的主要途径，也是培养大学生思想政治素质的关键环节。因此，高校思想政治管理部门应该加强对此的引导和管理，确保课程教学质量和效果，以更好地满足大学生的需求。

第一节　发挥高校思政理论课的主阵地作用

一、加强和改进高等学校思想政治理论课的指导思想和基本原则

（一）指导思想

高校思想政治理论课是我国高校教育中的一门重要课程，其目的是培养学生正确的思想观念和政治意识。想要达到预期目标、思想预期目的，高校思想政治理论课就需要有正确的、科学的指导思想。在我国，高校思想政治理论课教学工作要以中国特色社会主义理论体系为指导，这是因为，中国特色社会主义理论体系是我国的发展指引，也是现代化建设的重要路径指引。所以，思想政治理论课应围绕这一理论体系展开教学。

要加强和改进高校思想政治理论课教学工作，就需要将其摆在更加突出的位置。也就是要加强对教学管理的重视，提升教学质量。只有这样，才能更有效地传授相关知识，引导学生正确思考，提高他们的思想品质和政治素养。在新时代，要全面推动中国特色社会主义思想进入教材、课堂和学生头脑。这意味着教材内容应该与时俱进，紧跟社会发展的步伐，同时也要注重培养学生的思辨能力和创新能力，使他们成为能够与时代接轨的合格建设者和可靠接班人。同时，要牢固树立“四个意识”和坚定“四个自信”。这就要求高校思想政治理论课要着重培养学生从国家政治路线、

方针政策、基本理论和重大决策中获得正确的思想观念和政治信念，进而树立正确的世界观、人生观和价值观。此外，高校思想政治理论课要将学生培养成为能够担当民族复兴大任的时代新人。这意味着学生需要具备强烈的爱国主义精神和远大的理想抱负，要勇于担当社会责任，为实现中华民族伟大复兴的中国梦贡献自己的力量。

（二）基本原则

高校思政教育工作要立足于我国国情和大学生的思想状况，完善教材体系、增加教材的合时代性、合常识性，有针对性地对大学生进行思想教育和引领。为强化和完善高校思想政治理论课的课程属性，需要坚持以下原则。

首先，要坚持正确政治方向，加强思想政治理论课的价值引领，使其体现在社会主义核心价值观的培育和践行过程中。思想政治理论课应该是培养学生积极向上的价值观和思维方式的重要途径，通过教育引导学生树立正确的政治信仰，塑造健康积极向上的个性，从而培养合格的社会主义建设者和接班人。

其次，要坚持全流程管理，贯穿思想政治理论课的课前、课中、课后各环节，同时多元化、多角度、全方位地进行管理。思想政治理论课的管理不能仅仅停留在教学过程中，还需要在学习前的准备、学习时的引导和学习后的评估中进行综合管理，确保学生全面、系统地接受思想政治理论的教育。

再次，要坚持规范化建设，不断健全思想政治理论课教学工作制度，既要在顶层设计下不断完善教学，又要在实践中总结经验，推动思想政治课教学向纵深发展。只有建立科学规范的教学体系，从教师培训和评价到教材的研发和使用，才能提高思想政治理论课的教学质量和教育效果。

最后，要坚持增强获得感，推动思想政治理论课教学的实用性和趣味性提升，打造丰富多彩、乐学尊重的民主课堂、高效课堂。思想政治理论课应该贴近学生的实际需求和兴趣，采用丰富多样的教学方法，激发学生的学习兴趣和积极性，使他们在轻松愉快的氛围中获得知识，提升能力。

二、大力推进高等学校思想政治理论课程建设

（一）发挥高校思想政治理论课主干课程作用，强化价值引领

新时代青年大学生是中华民族伟大复兴事业的建设者和接班人。高校思想政治理论课是思想政治教育的主要阵地和载体。因此，高校思想政治理论课应不断健全和完善内容体系，强化其价值引领功能。为实现这一目标，应深入实施高校思想政治理论课建设体系创新计划。

首先，应完善教材体系，确保高校思想政治理论课的内容系统全面。这就需要从马克思主义的理论渊源出发，讲授马克思主义理论中国化的历史进程，以及马克思主义中国化的最新理论成果。只有这样，才能让青年大学生深入了解和学习马克思主义，从而为实现中华民族伟大复兴的目标做好铺垫。

其次，要提高教师的素质，使他们能够更好地传授思想政治理论课的知识。教师不仅需要有扎实的理论功底，还需要掌握新的教学方法，以吸引和引导学生的学习兴趣和思考能力。这就要为教师提供专业培训和进修机会，以不断提升他们的教学水平。

最后，应紧紧围绕《马克思主义基本原理概论》《中国近现代史纲要》《毛泽东思想与中国特色社会主义理论体系概论》《思想道德修养与法律基础》四门思想政治理论课开展教学，并强化思想引领，引导大学生树立远大理想和信念。在整体性教学上下功夫，为了确保每门课程的完整性，要设计教学模块，使学生能够全面了解和理解思想政治理论的核心内容。同时，也要避免内容的重复，确保学生能够系统地学习和吸收知识。

思政理论课程的性质决定了其在教学中必须坚持正确的政治方向。在课程中，要将理想信念教育放在首位，切实抓好马克思列宁主义思想理论的学习教育。同时，广泛开展中国特色社会主义理论体系的学习教育，引导师生领会新理念、新思想、新战略。

为了培养学生的社会主义核心价值观，这一观念应在教育全过程中得以体现。思政课应强调加强国家意识、法治意识、社会责任意识等教育，

推动学生形成正确的价值观念。同时，还应加强民族团结进步教育、国家安全教育、科学精神教育，以培养学生综合素质。诚信建设也是思政课的重点，需要加强社会公德、职业道德、家庭美德、个人品德教育，提高学生的道德修养并形成正确的行为准则。

思政课要做好习近平新时代中国特色社会主义思想的“三进”工作（中国特色社会主义思想进教材、进课堂、进学生头脑），将这一思想与课堂进行无缝对接，并及时传递给学生。思政课教师需要准确理解和融入中国特色社会主义思想，并将其传递给学生，引导他们形成正确的政治意识和世界观。此外，还需要在主流媒体上主动发声，传播和阐释习近平新时代中国特色社会主义思想。这样可以让更多的人了解和接受这一思想，推动社会进步。

（二）创新教学方法，持续提高思想政治理论课教学的育人效果

1. 创新高校思政课教学方法，转变教学思路已成为当务之急

首先，鼓励教师结合学生思想和认知特点，积极探索有效的教学方法。不同学生有着不同的思考方式和认知特点。因此，教师需要根据学生的特点，灵活运用多样化的教学方法。采用有针对性的教学方法，可以更好地激发学生的学习兴趣和参与度。

其次，强化理论创新成果的学理阐释。思政理论创新成果对学生的思想教育具有重要的意义。教师应加强对这些理论的深入理解，并将其融入教学中，以提升教学的质量和深度，通过深入阐释理论创新成果，可以帮助学生更好地理解和掌握新思想，进一步提高他们的思想素质。

再次，实现思政课教学的“配方”先进、“工艺”精湛、“包装”时尚。思政课教学不仅要关注内容的全面性和导向性，还要注重教学方式的灵活多样。教师应该细化教学模块，开展专题化、研究型教学，使课程内容更加具体、深入。同时，运用时尚手法进行包装，以增加学生的兴趣和吸引力。例如，借助多媒体技术、互动教学等手段，使教学过程更加生动有趣。

最后，加强科研含量和理论深度，使每个教案能成为一篇教研论文。

教师在教案的撰写过程中，应注重科研的成分。通过将教学理论和实践相结合，力求将每个教案提升为一篇有研究价值的教研论文。这样可以进一步促进教学的创新和提高教学水平。

2. 要加大对优秀教学方法的推广力度，注重用点上的经验带动面上的提升

随着教育改革的不断深化，高校思政课的教学方法也需要不断创新，为更好地满足学生需求，提高教育效果，应以学生为主体，以教师为主导，加强师生互动。高校思政课教师首先应基于教学大纲，结合学生实际、专业特色和时代背景，探索多种教学方法，尝试不同模式的教学手段。这有助于激发学生的学习热情，提高学习效果。其中，特色课堂是一种值得积极尝试的教学方式。比如，“红歌课堂”可以通过歌曲来引导学生了解和传承红色文化，加深他们对国家和民族的认同感；“换位课堂”可以让学生扮演不同的角色，思考问题时站在不同的立场，培养他们的同理心和思辨能力；“辩论课堂”可以激发学生的思辨意识，锻炼他们的辩论技巧；“讨论课堂”则能够促进学生与他人的交流与合作，培养他们的团队合作精神。无论是哪种特色课堂，其共性都在于最大化调动学生上好思政课的激情和积极性，让学生在课堂上积极参与、积极发声。这种互动式的教学方法不仅能够增强学生与教师之间的互动，还能够提高学生的主动学习情绪，使他们能够更好地理解和掌握思政课内容。

另外，高校思政课教师也应鼓励学生不断思考，培养他们独立思考和分析解决问题的能力。这不仅有助于学生的成长和发展，还能够激发他们的创新意识和创造力。教师可以通过提出开放性问题、引导学生进行思考和讨论等方式来培养学生的思维能力和批判思维。同时，要鼓励学生积极表达自己的观点，并给予肯定和鼓励，让他们在思政课堂上感受到自信和价值。

3. 坚持内容为王，充分发挥微信公众号等新媒体的作用

深化思政课教学改革的关键是坚持内容为王。为实现这一目标，可以建设新媒体网站，充分发挥新媒体在思政教育中的作用，实现教育资源的共享。因此，建立大学生思想政治理论课主题学习网站和微信公众号学习

平台就变得尤为重要，它们可以用来宣传和展示学生们的理论学习成果。

为了推动思政课教学改革，各地各高校都应积极参与相关网站建设，以便在本地和本校推进教学资源的共建共享。同时，还需要密切关注高校思想政治理论网络课程的动态，完善课程共享机制，并优化平台设置，以实现资源的共享。

在教师方面，需要具备坚定的理想信念，并与国家保持高度一致的政治定力。此外，教师还应将理论讲深、讲透彻、讲彻底，掌握必要的教学艺术和教学方法，以确保思政课教学的质量和效果。

（三）不断拓宽高校思想政治教育的途径，完善育人体系

1. 要把形势政策教育作为思想政治教育的重要内容和途径

要建立健全大学生形势政策的报告会制度，构建形势政策教育资源库。国家机关、地方政府等相关负责人应常为大学生做形势报告①。学校要根据当前的国际、国内形势变化和学生关系的热点问题，制定形势政策教育教学计划，认真组织或实施。

2. 社会实践是大学生思想政治教育的重要环节

大学生社会实践的重要作用是多方面的。首先，社会实践能帮助大学生更深入地了解社会的各个方面，包括政治、经济、文化等领域，从而增强对社会的认知和理解，培养他们对国家情况的关注和了解。其次，社会实践能增长大学生的才干和实践操作能力，提高他们的综合素质。通过参与志愿服务和公益活动等，大学生能用自己所学的知识和技能回报社会，为社会做出贡献。此外，社会实践需要大学生面对各种困难和挑战，锻炼他们的毅力和坚韧不拔的品质。同时，喝水实践也能培养大学生的团队合作精神、沟通能力和责任感，提高他们的人格品质。最后，社会实践可以让大学生更加深刻地认识到自己作为社会成员的责任和使命，提升他们的社会责任感。通过参与社会实践，大学生能够更加积极地关注社会问题，学会关心他人、关心社会，树立正确的价值观和社会观。

---

① 谢代苗. 高校思想政治教育中学校家庭社会协同育人研究［D］. 西安：长安大学，2022.

要实现以上目标，需要建立完善的大学生社会实践保障体系，包括提供资金支持和提供实践机会等。同时，还需要探索实践育人的长效机制，引导大学生主动参与社会实践。此外，应充分利用寒暑假等假期，开展多样化的社会实践活动，让大学生有更多的机会参与其中。另外，也应积极组织大学生参加社会调查、生产劳动、志愿服务、公益活动和科技发明等实践活动，丰富实践的内容和形式，提高实践的质量和效果。让大学生在社会实践中受到教育，提高才干，做出贡献，并增强社会责任感。

3. 充分发挥校园文化的育人功能

建设体现社会主义特点、时代特征和学校特色的校园文化是高校教育的重要任务之一。校园文化是学校的精神象征和社会主义核心价值观的具体体现。校园文化通过传播社会主义核心价值观和时代精神，培养学生正确的世界观、人生观和价值观。这需要学校在教学、管理、活动等方面，营造积极向上、充满活力的校园文化氛围。一所学校的校风、教风和学风对学生成长起着十分重要的作用。校风是学校的精神气质和道德风貌，教风是教师的教育理念和教学方法，学风是学生的学习态度和学习习惯。形成优良的校风、教风和学风，需要学校从各方面入手，注重培养学生的集体主义精神、团队合作精神和责任意识。

大力加强大学生文化素质教育，是培养学生综合素质的重要手段。德育、智育、体育、美育应该有机结合，相互渗透、相互促进。传统节庆日、重大事件和学校典礼等可以成为引导学生情感的重要渠道，通过特色鲜明的主题教育，培养学生的爱国主义情感和社会责任感。校园人文环境和自然环境建设是营造良好的校园文化氛围的重要保障。学校应重视校园环境的美化和绿化，完善校园文化活动设施，为学生提供丰富多样的文化交流和娱乐休闲场所。同时，加强校报、校刊、校内广播电视和学校出版社的建设，为学生提供丰富的信息资源和知识传播平台。在学术研讨方面，学校应加强哲学社会科学研讨会、报告会、讲座的管理，确保学术活动的质量和水平。学校要拒绝传播错误观点和言论，绝不给其提供传播渠道。同时，学校应坚决抵制各种有害文化和腐朽生活方式对大学生的侵蚀、影响。通过教育、宣传和引导，引导学生树立正确的价值观，远离低俗、不良的文化产品和生活方式。此外，学校应禁止在校园内传播宗教思想。

4. 要主动占领网络思想政治教育新阵地，掌握网络话语权

近年来，随着互联网的普及和发展，大学生群体对网络的依赖程度逐渐增强。因此，全面加强校园网的建设成为一项重要任务，旨在拓展大学生思想政治教育的渠道和空间。为此，要建设融思想性、知识性、趣味性、服务性于一体的主题教育网站和网页。这些平台将提供丰富的学习资源和教育内容，既满足学生的学术需求，又引导学生树立正确的世界观、人生观和价值观。

积极开展生动活泼的网络思想政治教育活动也是必不可少的。通过线上线下相结合的方式，可以促进学生的参与度和积极性，形成网上网下思想政治教育的合力。这种交互式的活动可以培养学生的思辨能力、创新能力和合作精神，为他们的综合素质提供更全面的培养。密切关注网上动态并了解大学生的思想状况也是重要的，要设立专门的团队来收集和分析学生在网络上表达的观点和需求，并及时回答和解决他们提出的问题。这种及时反馈和互动的方式可以有效增强大学生对学校的归属感和认同感，进一步巩固校园的凝聚力和向心力。

当然，在网络思想政治教育工作中，也要严防各种有害信息在网上传播。这需要加强对网络内容的监管和过滤，建立起一个健康、积极、阳光的网络学习环境。只有这样，才能形成一个有利于学生健康成长的网络思想政治教育工作育人体系。要牢牢把握网络思想政治教育的主动权。通过不断创新和完善，应主动借助互联网的力量，站在时代的前沿，引领学生的思想引导和教育模式的改革。只有这样，才能更好地满足大学生的需求，推动他们成为德智体美劳全面发展的社会主义建设者和接班人。

5. 开展深入细致的思想政治工作和心理健康教育

大学生作为社会的中坚力量和未来的栋梁，其身心健康至关重要。为帮助大学生处理好学习成才、健康生活等方面的问题，应广泛深入开展谈

心活动。谈心活动可以根据大学生的实际情况，有针对性地为他们提供帮助和指导。

同时，也要重视心理健康教育。了解大学生的身心发展特点和教育规律，有助于教育工作者更好地培养学生的心理品质和品格。其中就包括了学生自尊、自爱、自律、自强等素质的培养，因为这些素质会增强学生克服困难、经受考验、承受挫折的能力。

此外，也应该建立健全心理健康教育和咨询机构，以满足大学生心理需求。这些机构需要配备足够数量的专、兼职心理健康教育教师，并积极开展大学生心理健康教育和心理咨询辅导工作。通过这些机构的引导，大学生可以获得有效的指导，促进他们健康成长。

三、大力开展“四史”教育

（一）充分发挥思想政治理论课在“四史”教育中的主渠道作用

1. 高校思政课必修课要进一步深化“四史”教育

深化“四史”教育意味着要讲清、讲透思政必修课中的“四史”（党史、新中国史、改革开放史、社会主义发展史）内容。作为大学生必修课的重要组成部分，“四史”内容是学生了解近代中国历史的基础。教师应通过精心设计的课堂教学活动，深入浅出地讲解历史文化中的重要事件、伟大人物和其精神内涵，激发学生的兴趣，帮助他们真正理解和领悟其中的价值。

2. 依托本校优势及实际情况，有针对性地开设“四史”思政课程

根据实际情况开设“四史”思政课程，包括必修课和选修课。因为“四史”教育的重要性，许多地方和学校已经开始在课程设置上加大力度。在思想政治教育课程中，增设“四史”选修课，让学生根据自己的兴趣和特长进行深入学习。通过开展这样的课程，不仅能够满足学生对于近代历史的探索兴趣，还能够激发出更多的创新思维和判断能力。

3. 用好“读本”读物

作为一种全新的教材形式，“读本”读物在近年来的教育改革中得到

了广泛应用。例如，“读懂新时代”丛书——《道路何以自信》《理论何以自信》《制度何以自信》《文化何以自信》等读本读物，以生动有趣的方式，将历史故事、传统文化和优秀作品进行了整理和再创作，呈现给学生更生动、有趣、易于理解的学习材料。教师可以将这些读本作为教材的辅助材料，帮助学生更好地了解和理解“四史”内容，激发他们的学习兴趣和学习能力。

（二）改革创新教学方式方法，确保学习效果入脑入心

1. 充分利用媒体资源、创新方式方法，组织上好网络大课

教育部曾在全国范围内举办了高校师生同上“四史”思政大课的活动。目的是通过邀请优秀思政课教师和权威专家进行教学示范，推动“四史”课程在全国高校的思政课教师之间实现优质教学资源的共享。

在这个活动中，教育部提出了一些新的教学方法和途径，以提高思政课的教学效果。一方面，教师可以采取理论与实践相结合的方式进行教学。也就是将课堂上的理论知识与实际案例相结合，帮助学生更好地理解和应用所学内容。另一方面，教师还可以采用线上与线下相结合的方式来进行教学。教师可以利用网络技术和在线教育平台，通过发布课件、录制视频、组织线上讨论等方式，与学生进行交流和互动。

此外，教育部鼓励各地各校根据实际情况和学生特点，运用科学、开放、创新的方式和方法来教授“四史”课程。教师可以根据学生的兴趣和需求，设计出更具吸引力和教育意义的课程内容，以激发学生的学习积极性和创造力。

2. 开展集体备课、研讨交流、专题培训等，提升教师教学能力

近年来，高校思想政治理论课的教学质量受到了广泛关注，为了提高教学效果，我国采取了一系列措施。首先通过组织“周末理论大讲堂”等活动，教师和学生可以学习“四史”内容。这不仅扩展了教师的知识面，也提高了其教学能力。因此，教师可以更好地传授相关知识，提高教学质量。其次，在全国范围内建立了“高校思政课教师网络集体备课平台”，通过直播等方式，教师可以共同备课，进行全面、有效、高效的备课指

导。这种方式能够促使教师之间互相借鉴经验，共同探讨解决思政课教学中的难题，提高备课质量。再次，为了进一步推动思政课质量提升，重点马克思主义学院所在高校还召开了教学交流研讨会，集中研讨“四史”教育融入思政课的经验和做法。通过这种形式的研讨，教师可以共同探讨如何更好地将“四史”教育融入思政课中，提高思政课的质量。值得注意的是，要确保“四史”在所有课堂教学中达到常态化效果。意味着“四史”教育不是一次性的活动，而是需要渗透到平时的教学过程中。只有保持持续性和常态化的“四史”教育，才能够更好地提高思政课的教学质量。最后，相关部门还应进行专题教育培训，明确教学内容和教学任务，实现“四史”教育的预期效果和目的。这些培训将帮助教师更好地把握教学重点和难点，提高思政课的教学效果。

3. 发掘本地本校教育资源优势，确保教育工作取得实效

为了更好地实施“四史”教育，各地高校应整合全校优质力量，设计相应的教学计划，并付诸实践。这样可以确保教学目标、内容和课程载体的准确把握，同时根据学段和学生实际，深入了解学生特点，贴近学生需求。

在教学过程中，教师应以优秀的革命故事和英雄故事为素材，挖掘红色资源作为教材内容，这不仅可以帮助学生更好地了解历史，还可以提高课程的吸引力和感染力。通过讲述典型故事，激发学生的情感共鸣，提高其学习历史的兴趣和热爱。但是，仅仅有好的教材还不足以实现育人效果。教师在教学中应根据学生的认知水平和兴趣爱好，采用适合的教学方法和教学手段。通过互动式教学、案例教学等灵活多样的教学形式，使学生更加主动参与学习，提高他们的学习积极性和学习效果。此外，教师还应借助现代化的教育技术手段，如，多媒体教学、虚拟实境等，来丰富课堂教学内容，提升教学质量。这样可以更好地激发学生的学习兴趣，提高他们的学习动力。

第二节　优化高校课程思政的内容体系

一、科学设计高校课程思政教学体系

（一）准确把握课程思政的内涵

1. “课程思政”概述

现代教育的目标不仅仅是传授知识，更重要的是培养学生的思想政治素养。为实现这一目标，“课程思政”应运而生。要准确理解“课程思政”的含义和目的。它不仅仅是对学生进行思想政治教育的手段，更是一种理念和方法，要求所有课程都要融入思想政治的内容。这就要明确“课程思政”的本质，以及它与其他教育形式的区别。

课堂教学被视为实现“课程思政”目标的主要途径。在传授知识的过程中，教师应当注重引导学生思考人生、社会主义核心价值观以及实现民族复兴等重要问题。这样做不仅可以丰富教学内容，更能够培养学生正确的人生观、价值观和责任感。同时，“课程思政”要求各门课程都要守好一段渠、种好责任田。这意味着不同课程之间应当相互关联，各门课程都应当能够融入思想政治的内容。无论是自然科学课程还是人文社科课程，都应当能够体现社会主义核心价值观和实现民族复兴的理想和责任。“课程思政”的内容包括做人和做事的基本道理、社会主义核心价值观的要求、实现民族复兴的理想和责任等。这些内容贯穿于各类课程之中，无论是数学、物理还是文学、历史，都应当能够体现这些核心要素。要实现“课程思政”的目标，需要通过融入各类课程教学来实现。这意味着各课程的教师应当与思想政治理论课的教师相互协作，形成协同效应。只有各课程与思想政治理论课同向同行，才能够真正实现“课程思政”的目标。实现“课程思政”需要将思想政治教育与知识体系教育有机统一。这意味着在融入课堂教学的各个环节中，不仅要传授学生知识，更要注重培养学生的思想品质和道德观念。只有真正实现思想政治教育与知识体系教育的有机统一，才能够真正培养出具有思想政治素质的高素质人才。

综上所述，“课程思政”是一种新的教育理念和方法，要求将思想政治的内容融入各类课程之中。通过课堂教学的各个环节，实现思想政治教育与知识体系教育的有机统一，最终培养出具有思想政治素质的高素质人才。这对于推动我国高等教育的发展和培养担当民族复兴大任的时代新人具有重要意义。

2. “课程思政”的目的

“课程思政”旨在构建全课程育人体系，将思想政治教育融入各门课程之中。通过多个渠道，强调立德树人的重要性，延伸到所有的课程中，实现全员、全过程、全方位育人。这一理念是将思想政治工作体系应用于学科体系、教材体系等的有益尝试。但要明确的是，“课程思政”并不是简单地将思政课的内容复制到其他课程中。相反，它试图将思政课的社会主义核心价值观、责任等有机融入专业课程教学中，但专业课程的性质并不会发生改变，仍然保持自身的特点。在专业课程中，教师需要发掘和运用思政的元素，并将其有机融入课程教学中，避免生搬硬套。

“课程思政”的实施需要专业课程教师具备一定思政素养和教育教学能力。教师需要具备敏锐的思政意识，能够将思政教育的社会主义核心价值观与专业课程结合起来。要深入理解并把握思政教育的内涵，以及如何将其应用到专业课程中去。同时，教师还需要灵活运用教育教学方法，在教学过程中有针对性地引入思政元素，提升学生的思想政治素养。

“课程思政”对专业课程的实施还需要学校和教师之间的紧密合作。学校应提供必要的支持和资源，例如，提供培训机会和教学辅助材料，以帮助教师更好地实施“课程思政”。同时，教师也应积极参与学校的思政教育活动，与思政课程的教师进行交流，分享经验，共同探讨如何在专业课程中融入思政教育。

（二）科学设计课程思政教学体系，结合专业特点分类推进

1. 公共基础课程思政教学

在大学阶段的教育中，重点要加强大学生的思想道德修养和人文素

质，培养其科学精神和宪法法治意识、国家安全意识。为此，公共基础课程设置需要注意以下几点。

首先，课程设置需要注意在潜移默化中坚定学生的理想信念。通过涵养爱国主义情怀，加强品德修养，学生将更加坚定自己的理想信念，为实现个人价值和国家发展做出贡献。

其次，课程设置要注重增长学生的知识见识，培养他们的批判性思维能力和创新能力。通过丰富多样的知识科普、学科综合课程以及开展科研实践活动，增加学生对各领域知识的了解和理解能力，培养他们的批判性思维和创新能力。

再次，打造有特色的体育、美育类课程也是必要的。通过体育锻炼，学生可以享受到运动的乐趣，同时增强体质，塑造健康的人格和坚强的意志。美育课程的开展可以提升学生的审美素养，起到陶冶情操、温润心灵的作用，激发创造创新的活力。

最后，在实施这些课程的过程中，需要注意培养学生的综合素质。综合素质的培养不仅包括学术方面的能力，还包括学生的社交能力、实践能力以及道德情操等。这样才能真正实现大学生的全面发展。

2. 专业教育课程思政教学

近年来，教育界特别是在高等教育中一直在探索如何更好地培养人才。为了实现这一目标，要对不同专业的育人目标进行深入研究。这意味着要了解每个专业的特点和需求，并为学生提供相应的培养计划和资源。在挖掘专业知识体系中的思想价值和精神内涵方面应该深入探索课程中蕴含的思想、理念和价值观。这些概念通过专业知识传授和实践训练呈现给学生，可以丰富他们的学术素养和人文修养。通过深入挖掘课程的思想内涵，能够使学生更好地理解和运用专业知识。科学合理拓展专业课程的广度、深度和温度也是关键。要实现这一目标，可以进行课程改革，增加相关内容和案例分析等。对于广度的拓展，可以增加与其他学科的交叉内容，使学生能够更全面地了解相关知识。对于深度和温度的拓展，可以加强研讨和实践环节，让学生通过实际操作和讨论来加深对知识的理解和应用。在增加课程的知识性和人文性方面，可以将专业课程与人文课程进行整合，使学生在学习专业知识的同时培养人文素养。这可以通过增加人文课程的选修和强制性课程来实现。这样的措施可以提高学生的综合素质，培养他们的社会责任感和人文关怀。提升引领性、时代性和开放性，可以通过增加实践环节、开展研究项目和组织学术交流等方式来丰富课程内容。这样能够使学生更好地了解专业的发展动态和前沿研究，培养他们的创新意识和实践能力。同时，通过开放课堂和线上教学等方式，可以实现课程的开放性，为学生提供更多的学习机会和资源。结合专业特点，分类推进课程思政建设是一个重要的工作。应根据不同专业的特点，提出相应的课程思政建设方案。

（1）文学、历史学、哲学类专业课程。这些课程应当帮助学生掌握马克思主义世界观和方法论，使学生能够深刻理解和应用习近平新时代中国特色社会主义思想。这意味着学生需要通过学习和思考，从专业知识的角度来思考社会现象和问题，探讨人类历史的发展规律。他们需要了解并理解马克思主义对于社会、历史的独特阐释，以及如何将这些理论应用于当前的社会现实。

这类专业课程教育应引导学生深刻理解社会主义核心价值观，并通过这些价值观来塑造自己的思想观念和行为准则。这包括弘扬中华优秀传统文化、革命文化和社会主义先进文化等。学生应当通过深入学习这些文化的精髓，了解中国传统价值观和思维方式，以及革命文化中的英勇奋斗精神、社会主义先进文化中的创新精神。通过培养这些价值观，学生将认识到自己所处的社会背景，并在未来的职业生涯中树立正确的道德观念和职业操守。

（2）经济学、管理学、法学类专业课程。这类课程应以马克思主义理论为指导，构建中国特色哲学社会科学学科体系、学术体系、话语体系。学生需要了解并运用相关理论和方法，来分析和了解国家战略、法律法规、相关政策所面临的挑战和问题。他们需要学习如何运用这些理论和方法，来分析和解决实际情况中的经济、管理、法律等问题。通过这样的学习，学生将能为国家和社会的发展做出贡献，并在职业领域中为实现社会公正和法治做出努力。

教育学生进行深入的社会实践和关注现实问题是非常重要的。学生们应了解社会问题和现象，从中获取宝贵的经验和知识。这将帮助他们培养经世济民的素养，意味着他们需要具有批判性思维和综合能力，能够运用所学的知识和理论来分析和解决社会问题。此外，学生还应具备诚信服务和德法兼修的职业素养。这意味着他们需要学会诚实守信、遵守职业道德，并在职业生涯中将社会责任和公共利益放在首位。

（3）教育学类专业课程。师德师风建设是教育领域中的重要任务之一，这一点在教师的日常教学工作中有所体现。因此，在这一类的专业课程中，要加强师德师风教育。注重课堂育德，通过开展一系列的教育活动，引导学生树立学为人师、行为世范的职业理想；重视典型树德，通过树立一批优秀的教师典型，鼓励学生向他们学习，提高自身的师德师风；强调规则立德，建立一套严格的行为规范，要求学生遵守这些规范，做到言行一致，树立良好的师德形象。

培养职业操守是教育学类专业课程的另一个重要方面。主要致力于培育爱国守法、规范从教的职业操守，要求在工作中恪守教育法律法规，以身作则，成为学生的楷模；具备传道授业的情怀和解惑能力，用心去教育学生，让他们受益终身。

通过加强师德师风教育，培养职业操守，以德立身、立学、立教，做“四有”好老师，打造高素质的教师队伍，让学生能以身作则，为学生的成长与发展贡献力量。同时，这类课程的目的也包括让学生在接受良好教育的同时，能积极、主动地参与学习，成为有责任、有爱心、有能力的社会人才。这样才能提高全民族的素养。

（4）理学、工学类专业课程。马克思主义立场观点方法的教育与科学精神的培养结合，在这类课程中起着重要作用。而提高学生正确认识问题、分析问题和解决问题的能力是其中的关键。理学类专业课程中需要注重科学思维方法的训练和科学伦理的教育。这样可以培养学生对于科学问题的思考能力，并在解决问题时能够遵循科学的道德准则。此外，在工学类专业课程中，也应加强对学生工程伦理的教育。这有助于培养学生在工程实践中注重道德和社会责任意识。同时，也需要培养学生精益求精的大国工匠精神，使他们能够在工程领域中追求卓越，为社会做出更大贡献。

除了学科知识的培养，也要激发学生科技报国的家国情怀和使命担当。学生需要意识到自己的科技工作对国家和社会的重要性，以此为动力，更加努力地学习和研究科学技术。这不仅能够提升个人的事业发展，也能够促进国家的繁荣和进步。

（5）农学类专业课程。农学类专业课程应加强生态文明教育，树立绿水青山就是金山银山的理念。要重视生态环境的保护与修复，将生态建设纳入农业发展的核心任务，使农业在发展中也能够实现可持续性。在课程教学中，可以加入生态文明理念的介绍和案例分析，让学生了解到生态文明对农业发展的重要性。通过深入研究生态农业、绿色农业等方面的知识，培养学生的环保意识和责任感。

此外，应培养学生的“大国三农”情怀，引导学生以强农兴农为己任[①]。农业是国家的基础产业，为农业现代化发展培养更多专业人才是非常重要的。在课程中，可以加入国家农业政策和农村发展的研究内容，让学生了解到农业在国家发展中的重要性。通过实践教学，培养学生的创新精神和实践能力，提升他们在解决农村问题和推动农业发展中的能力。

（6）医学类专业课程。对于这类课程，应注重医德医风的教育，培养学生尊重生命、救死扶伤、甘于奉献的医者精神。医学专业要求学生具备高度的责任感和职业道德，为患者的健康和生命负责。在课程教学中，可以加入医疗伦理和职业道德教育，让学生了解到医学职业的特殊性和挑战，培养他们正确的医疗观和伦理观。

（7）艺术学类专业课程。这类课程应引导学生根据时代背景，深入到人民生活当中去。在课程教学中，可以加入社会实践和创作实践，让学生了解当代社会的艺术需求和创作方向。通过深入研究中华传统艺术和现代艺术的融合，培养学生的艺术创造力和创新能力。

3. 实践类课程思政教学

专业实验实践课程是培养学生实践能力的重要途径。在这类课程中，学生不仅需要学习理论知识，还要动手实践，将所学知识应用到实际问题

---

① 陈育青. 课程思政视域下的“插花艺术与花艺设计”精品在线开放课程建设与实践［J］. 樟树：现代园艺，2023，46（21）：169—172+175.

的解决当中。这种学思结合、知行合一的教学方式，有助于学生形成系统化的思考和解决问题的能力。

例如，创新创业教育课程是培养学生创新意识和实践能力的关键。通过这门课程的学习，学生将学会创新，勇于面对挑战。通过亲身参与创新活动，将逐渐培养出创新精神、创造意识和创业能力。这种培养方式有助于学生将理论知识转化为实际应用，并能够在实践中迅速适应和应对变化。

又如，社会实践类课程是培养学生实践能力和意志品质的重要途径。在这门课程中，学生将接触到真实的社会环境，通过亲身参与社会实践活动，他们将感受和理解社会的现实情况。通过将知识学习和实践经验相结合，学生能够增长智慧才干，并锻炼自己的意志品质。这种实践中的锻炼有助于学生培养出扎实的工作能力和坚韧的品质，为他们未来的职业生涯打下坚实的基础。

4. 将课程思政融入课堂教学建设全过程

高校课程思政要融入课堂教学建设中，需要从课程设置、教学大纲标准和教案评价等方面落实。同时，还应推进现代信息技术的应用，激发学生的学习兴趣，引导他们深入思考。此外，还需健全课堂教学管理体系，改进管理过程，以提高思政内涵融入课堂教学的水平。通过综合运用第一课堂和第二课堂的方法，开展讲堂和实践活动，可以拓展课程思政建设方法和途径，提高学生的综合素质。

二、高校课程思政推进的现实意义

（一）实现知识传播与价值引领的统一

高校的思想政治教育主要依靠思政理论课程教育和各种活动来实施。由于高校教育的目标是通过知识的传播和价值的引领使学生全面理解专业知识，并培养良好的思想政治品德，因此，专业学科的知识传授和价值引领应该是统一的、同向发展的、协同运作的，以实现“教书育人”“立德树人”的整体效果。所以，在每门课程中发挥育人功能时，需要强调“课程承载思政”与“思政寓于课程”，在传授知识的同时注重价值的引领。

教师在知识传播过程中应重视价值引领的作用，培养学生良好的品行和坚定的意志，推动知识传播与价值引领的统一。这样，学生才能全面发展，具备专业能力的同时也有高尚的道德情操。

（二）推动显性教育与隐性教育相结合，构建全课程育人环境

高校思想政治理论课长期以来一直被视为专业化的育人课程，其在高校思想政治工作中，也被作为一门具体的显性课程，用于课程设置和课时安排等。因此，为了更好地实现育人目标，需要将育人价值引导融入知识传播中，并开挖学科的育人功能与价值因素。

提高整体课程的育人作用是高校思想政治教育工作的重要途径。在专业化课程中渗透或开挖育人的价值因素，可以有效提升学生的思想政治素养。作为主要渠道的思想政治理论课要发挥引领作用，并与马克思主义指导思想、中国特色社会主义实践、中华优秀传统文化、社会主义核心价值观、大学生道德情怀紧密结合。

大学生道德情怀的培养和塑造是思想政治教育的重要任务之一。因此，在专业化课程教育中，应潜移默化地渗透育人的价值，并发掘育人因素与功能，以形成与思想政治理论课的协同效应。举例来说，在工科、理科等专业中，思想政治理论课可以通过引导学生深入理解科学发展观、创新精神等理念，激发学生的社会责任感和创新意识。而在人文学科中，思想政治理论课则可以结合中华优秀传统文化，引导学生树立正确的文化价值观，培养自信与国家情怀。

第三节　推进课程思政教学建设

一、以人才培养为核心

高校思想政治工作是教育的重要组成部分，高校一直以来都是将德育作为首要任务，并围绕这一任务展开工作。但在当今社会快速发展和变化

的背景下，高校思政工作也需要以人才培养为核心，不断地进行创新和改革，以更好地适应时代发展的需要。

为了更好地培养人才，高校应将思政理念融入人才培养方案中，并通过全过程的教育教学，将思政价值贯穿于学生的学习过程中。这不仅可以增强学生的专业能力，还能培养学生的社会责任感和高尚的人文精神。高校思政工作应与立德树人和育人育才相统一，注重培养学生的理想信念、人文素养和创新精神。这不仅要求高校提供良好的思政教育环境，还需要教育工作者注重培养学生的思想品质和道德素养，推动学生全面发展。

马克思主义理论教育是高校思政工作的主要部分。它可以引导学生树立正确的世界观、人生观和价值观，使他们能够在日后的工作和生活中正确把握方向，做出正确的选择。高校思政工作也应结合不同专业的实际情况，注重培养学生的独立思考能力、文化素养和综合能力。这可以通过多样化的教学方法和课程设置来实现，为学生提供更广阔的视野和更深层次的思考能力。

全面推进课程思政建设是当前高校教育发展的重要任务之一。为构建更高水平的人才培养体系，全面推进课程思政建设应成为教育教学的基础和根本工作。这需要在所有高校、所有学科专业上全面进行。将教育教学作为最基础、最根本的工作，意味着要将课程思政建设贯穿于整个教育教学过程，注重培养学生的综合素质和思想道德修养。为提高人才培养能力，应优化课程思政内容供给。要围绕政治认同家国情怀、文化素养、宪法法治意识、道德修养等重点开展课程思政建设。通过系统地学习，学生能够掌握和认同国家的政治制度和方针政策，培养良好的思想道德素质，增强社会责任感和家国情怀。

教师在开展课程思政建设中起着至关重要的作用。因此，提升教师开展课程思政建设的意识和能力是必不可少的。教师需要不断学习，更新自己的知识和教学方法，注重培养学生的创新精神和实践能力。在课程思政建设中，应系统进行中国特色社会主义和中国梦教育、社会主义核心价值观教育、法治教育、劳动教育、心理健康教育、中华优秀传统文化教育。通过这些教育，学生能够树立正确的人生观和价值观，增强社会责任感和创新能力。

全面推进课程思政建设的目的是坚定学生的理想信念，切实提升立德树人的成效。通过系统的课程思政建设，让学生在丰富的知识和深厚的道德底蕴中成长，培养出德智体美劳全面发展的高素质人才。这将为国家的发展和建设提供坚实的人才支撑。

二、遵循科学的方法论与教学设计原则

（一）课程思政教学设计的方法论

教学设计是根据教育学原理和教学艺术原理，进行策略选择和规划的过程。它需要根据学生的认知结构来确定教学过程、教学内容、教学组织形式、教学方法和教学手段。在其中，课程思政的教学设计是整体教学设计的一部分，需要与其他内容融合，而不是独立存在。

课程思政的教学设计需要统一、系统地规划实施，而不是零散地嵌入课堂。这意味着它需要遵循科学的逻辑，回答学生为什么学、学什么、怎么学以及效果如何的问题。而且，课程思政教学设计的目的是达到教学效果最优化，解决教学问题。

课程思政的教学设计包括分析教学目标和教学对象、选择教学内容和方法、教学评价等。分析教学目标是确定课程思政要达到的教育目标，为学生提供全面发展的指导。教学对象的分析则是对学生认知特点、思想观念、价值观进行分析，以便更好地设计教学内容和方法。在选择教学内容和方法时，需要充分考虑课程思政的特点，确保内容的准确性和教学方法的针对性。此外，教学评价也是课程思政教学设计的重要一环，它能够帮助教师了解学生对课程思政的学习情况，及时调整教学策略，使教学效果最大化。

（二）课程思政的教学设计原则

1. 目标契合原则

课程思政的目标应该与专业学习的目标相契合。这意味着要将思政目

标融入专业学习过程中，使其成为学生全面发展、提升素质的一部分。

2. 内容融合原则

课程思政的内容应与专业学习的内容相融合。在教学设计中，要将思政内容有机地融入专业学习中，使其能帮助学生实现学习目标，同时达到教学育人的效果。

3. 活动相合原则

思政活动应与专业学习活动相结合。在教学设计中，要围绕以学生为核心的设计理念，将思政活动与专业学习活动集合起来，以实现知行合一的目的。这样不仅能够帮助学生将所学知识应用到实践中，还能够提高他们的综合素质和解决问题的能力。

4. 评价结合原则

课程思政的评价应与专业学习的评价相结合。在评价过程中，应重视学生成长的过程与个体引导，了解学生的发展需求。这样才能更好地帮助学生发现自身优势和不足，进行针对性的提高和改进。

三、将培养多样化专业的社会主义核心价值观作为落脚点

培养多样化专业的社会主义核心价值观是课程思政的旨归。不同学科专业有着不同的职业精神和行为规范要求。为满足不同专业的职业对接要求，需要提取和归纳出专业领域内的社会主义核心价值观。这些社会主义核心价值观应融入人才培养方案的教学目标、教学内容和教学实施中。如，建筑专业注重和谐观、文明观和工匠精神，建筑专业的学生则需要具备对环境和社会的和谐观念，以及对工程质量和技艺的高度追求；农学专业倡导踏实肯干和强农兴农意识，农学专业的学生则需要具备踏实肯干的工作态度，并致力于推动农业发展。

通过这样的教育引导，可以帮助学生树立正确的价值观，报效国家、服务人民、甘于奉献。同时，教师在传授知识时也应将专业性职业伦理操守和职业道德融为一体，对学生进行正确的价值引导。这样的教育理念可以使学生不仅具备专业知识和技能，还能具备正确的职业道德和价值观。

这种综合培养将为社会的可持续发展和人类进步做出积极贡献。

四、抓住两个重点要素

（一）思政元素的选取逻辑

思政元素选取是指将思想政治教育的要素融入专业教学中，使其与专业知识形成有机的逻辑关系，从而实现知识与思政的融合。在教学中，思政元素的融入应当注重增强学生对知识的理解掌握，使之能够解决实际的学习问题，并实现教学目标的达成。

要想有效地融入思政元素，可从专业相关的时事热点中提炼，也可以从与专业知识相关的日常生活中寻找。选取思政元素的路径主要有以下几种：一是关注知识应用的现实价值；二是关注知识与社会生活的关系，通过探究专业知识在社会生活中的应用和影响，引导学生形成对社会问题的思考和判断能力；三是关注知识自身所蕴含的哲学元素与思想精神，通过挖掘专业知识中的哲学思想和思想精神，引导学生了解和思考人生的意义、价值。

思政教育的目标是点燃学生精神追求的热情，使他们在学习专业知识和技术时，也能带上家国情怀和精神追求的温度。因此，关注专业相关的时事热点是非常重要的，通过关注行业发展、社会变革等方面的新闻和动态，引导学生思考专业知识与国家和社会发展的关系，激发他们对知识的热情和责任感。

（二）思政元素融合的教学组织形式

教师在教学过程中要选择有效的教学组织形式来融合思政元素。课程思政的教学组织形式应该是多元化的，要注重学生积极参与和体验。

首先，以学生为中心，采用多种教学手段来开展启发式、研讨式和参与式教学。教师应该充分尊重学生的主体地位，通过启发式教学方法引导他们去思考和探索。同时，研讨式教学可以激发学生的思辨能力和团队合作精神。参与式教学则可以让学生积极参与课程活动，从而更好地吸收和理解思政知识。

其次，课堂、实训基地和互联网是主要的教学阵地，要创造多元化的教学情境。在课堂上，教师可以通过案例分析、小组讨论等方式引导学生思考和交流。实训基地可以为学生提供实践机会，让他们在实际操作中学以致用。互联网则可以为学生提供丰富的学习资源和交流平台，扩展他们的思维视野。

再次，建立过程考核和结果考核相结合的评价方式，关注学生思想意识形成和发展的过程。过程考核主要关注学生在学习过程中的参与度、积极性和思辨能力的发展。结果考核则评估学生对思政知识的掌握和运用能力。通过综合考核，可以更全面地了解学生的学习情况和进步。

最后，建立动态的课程思政教学环境，实现全方位的思政课程目的。教师应随时关注学生的学习需求和思想发展，及时调整和优化教学内容和方法。同时，也要与其他学科教师进行合作，形成跨学科融合的思政教学环境，促进学生的综合素养和思想境界的提升。

五、探索思政元素与各类课程的全面融合

（一）以挖掘公共基础课程中的思政元素为基础

为更好地培养大学生的综合素质，各高校要深挖公共基础课程中的思政元素，并将其融入教育教学的各个方面、各个环节中。可以建设一些专门针对提高大学生思想道德修养、科学精神等方面的课程。通过这些课程，可使学生更加重视自身的思想与道德修养，提高他们的人文素养和科学精神。

例如，在美育类课程中，可以提升学生的审美素养，培养他们的情操，美育类课程可以通过音乐、舞蹈等方式，让学生接触到不同的艺术形式，培养他们的欣赏能力和创造力；在体育类课程中，可以加强学生的体质，锤炼他们的意志品质，通过体育锻炼，不仅可以提高学生的身体素质，还可以培养他们的团队合作精神和竞争意识；在民族学类公共必修课程中，应形成开放包容的民族团结意识，通过学习民族学知识，可以增强

学生对多元文化的尊重和理解，培养他们的国家认同感和责任感；通识选修课在大学教育中具有独特的作用，值得充分发挥，通过推出多样化的通识选修课程，可以加强对学生的价值观塑造。这些选修课可以涵盖各个学科领域，让学生在学习中拓宽眼界，提升综合素质。

通过上述课程设计，大学教育可以潜移默化地坚定学生的理想信念，厚植爱国主义情怀。同时，也能够加强学生的品德修养，培养他们的奋斗精神，提高整体素质。思政教育深度融入教育教学中，将为大学生的全面发展提供有力支撑。

（二）以挖掘专业教育课程中的思政元素为支撑

在大学生思想政治教育中，专业课程的专业性具备非常强大的说服力和感染力。这是因为专业课程是大学生学习和掌握所选择专业知识的主要途径，他们具有不可替代的优势，可以充分发挥课堂的主渠道功能。为更好地实现大学生思想政治教育的目标，要激励和引导专业教师积极结合专业课程教学和思政育人工作。专业教师应不断丰富课程的思政内涵，提升整体课程质量；应根据不同学科专业的特色和优势，能深入研究不同专业的培养目标，拓展专业课程的广度和深度，提高课程的温度。一种有效的方法是将思政教育融入精品课程中。通过将思政教育与专业知识融为一体，使学生在学习专业知识的同时受到潜移默化地影响。这样可以使学生更加全面地认识到专业知识与思政教育之间的内在联系，从而加深对专业课程的理解和认同。

此外，专业课程还具备培养学生爱国主义情怀和坚定理想信念的潜力。通过专业课程的学习，学生能够更加深入地了解国家和社会的发展现状，增强对祖国的热爱和责任感。同时，专业课程可以引导学生树立正确的人生观和价值观，帮助他们坚定自己的理想信念，在追求专业发展的同时为社会的进步和发展做出贡献。

（三）以挖掘实践类课程中的思政元素为辅助

在专业实践类课程中，关键点包括引导学生积极参与各种实践活动，培养其劳动观念和行为意志。这意味着学生要主动参与到实践中去，通过劳动来培养自己的劳动观念和行为意志。组织学生参与生产劳动、创新创业、专业实习等活动，能够使学生接触到更多的实际问题和挑战，拓宽其知识视野和世界视野。同时，这也能为学生提供更多的机会来锻炼自己的专业能力，激发学生的敬业精神，增长智慧才干。

在社会类实践课程中，关键点包括弘扬服务国家、服务社会、服务人民的精神。通过组织社会性活动，如，研究性社会调研、政策宣讲等，能让学生更好地了解社会问题和需求，同时，也能提升学生的社会责任感，培养学生的交往理性、合作精神、创新意识和政治素养。在社会实践中，学生需要深入社会的基层去了解和感受，这样能够更好地锻炼自己的才干和提升自己的能力。参与社会主义现代化建设，为社会发展做贡献。通过社会实践，学生能够了解国家的现代化建设进程，为社会发展做出自己的贡献。

第四章

高校课程思政的机制构建

第一节　教师课程思政能力培育机制

教师课程思政意识的构建与能力提升是我国当前教育改革的重要任务。在这个过程中，全过程、全体系的课程思政培养模式起着至关重要的作用。这种模式的核心理念是发挥全体教师的课程思政育人功能，以此来培育、发展和统合教师的课程思政意识。

在课程思政育人体系中，专业课教师、行政教师和思政教师都扮演着重要的角色。专业课教师通过专业知识的教学，引导学生理解并尊重专业精神，传播行业的职业道德；行政教师则通过管理和组织工作，营造良好的教育环境，促进师生之间的交流与合作；思政教师则负责对学生进行系统的思想政治教育，培养他们的社会责任感和公民素养。

要构建全方位、成体系的育人结构，就要统合全体教师的育人理念与课程意识。这意味着，要让每一位教师都明确自己在课程思政育人中的责任和使命，将思政元素融入日常教学中，形成全员、全过程、全方位的育人格局。这种立足于全体教师的课程思政育人模式具有重要而积极的意义。首先，它能够充分发挥教师在育人过程中的主体作用，提高教育质量；其次，它有助于培养学生全面发展的素质教育，使他们成为有道德、有责任、有能力的社会主义建设者和接班人；最后，它有利于构建我国特色教育体系，推动教育事业的持续发展。

一、完善教师准入机制

我国传统文化中的尊师重教理念历来备受推崇，教师的职业情操、专业知识也是人们关注的重点。教师是传播知识、启迪学生思维、塑造学生灵魂的人，因此其职业准入制度显得尤为重要，我国在教师职业准入机制方面已经初步建立起了一套制度。但现行的教师资格准入考核的主要笔试内容为教育学、教育心理学等基础知识，综合面试和试讲主要考察教师备课、授课、教法等技能。但这套制度在考察教师课程思政意识方面，还有待完善。

教师职业准入制度是我国教育领域的一项重要制度，它对教师的学历和专业都有一定的要求。但这项制度在前置学历和专业的要求上没有统一的标准，各地的教育行政部门会根据当地的实际情况来制定相关规定。这种做法在一定程度上保证了教师队伍的多样性，但也带来了一些值得思考的问题。

在我国，教师职业的后备人群主要分为两类：师范专业毕业生和非师范生。师范专业毕业生在教材解读、教法学法、课程设计等方面具有明显的优势，他们经过了系统的专业培训，掌握了教育理论和实践技能。但他们在课程思政能力的培养上仍有大幅提升空间。非师范生大多是通过考取教师资格证进入教育领域的，可能具备一定的教学能力，但在教育理念和教学方法上还需大幅提升。

我国现行的教师职业准入制度，使得有志于从事教育事业的年轻人能进入教育领域，但这也带来了一定的挑战，当前，教师资格准入制度在考察课程思政、协同育人等方面的意识不强，这也就影响了教师在课程思政育人方面的作为。

教师是贯彻执行教育方针，策划、组织教学的人，他们承担了教书育人的时代使命，致力于培养德智体美劳全面发展的人才，不管是教授哪个科目的教师，都肩负着育人的重任。在新时代，教师的作用不再仅仅是传授知识，而是要充分发挥教育引导作用，成为学生成长的引路人。

教育行业准入制度的制定与实施，需要将立德树人的根本任务纳入教师职业准入考核的基本层面，这是对教师职业素养的严格要求，也是对教育事业的高度重视。教师应该是社会主义教育思想的执行者和传播者，承担起培养社会主义建设者和接班人的指导重任。

教师职业准入门槛的提升已成为必然趋势。这不仅是教育发展的需要，更是中国特色社会主义教育制度的明确体现。教师队伍的课程思政素质与能力提升，是一项重要的政治任务，也是社会主义教育发展的根本要求。

2018 年颁布的《关于全面深化新时代教师队伍建设改革的意见》明确提出，教师承担着传播知识、传播思想、传播真理的历史使命，肩负着塑造灵魂、塑造生命、塑造人民的时代重任。这充分体现了对教师队伍的高度重视，以及对教育事业的长远规划。提高教师队伍课程素质和能力，是社会主义教育发展的根本要求，也是教师职业准入制度中的重要部分。只有不断提升教师队伍的整体素质，才能更好地履行教育使命，培养出一批又一批的优秀人才，为实现中华民族伟大复兴的中国梦贡献力量。

首先，要提高新进教师职业准入门槛，将思想道德品质考核纳入新进教师考核指标体系。这将有助于确保新进教师具备高尚的道德品质和坚定的理想信念，为培养德智体美劳全面发展的社会主义建设者和接班人奠定基础。

其次，增加对新进教师课程思政、立德树人、德育能力方面的考核与检验。这有助于新进教师更好地掌握教育教学规律，提升育人能力，为培养学生的社会主义核心价值观贡献力量。

再次，要建立师德师风建设与考核的长效机制，对教师进行师德师风方面的教育。关注教师的政治素养考察，确保其符合社会主义核心价值观。这样可以为新进教师树立正确的价值观，是其在教育教学过程中始终坚持教育方针的保障。在选拔新进教师时，要将课程思政能力纳入考核内容，培养新进教师的理想信念、道德情操、扎实学识和仁爱之心，以满足新时代的教育需求。对于在职在岗教师，应在职业能力考核中坚持一票否决制度，确保师德师风建设。强化在职教师的责任感和使命感，使其始终秉持教育教学初心，为民族振兴贡献力量。

二、完善教师发展机制

教师发展的内在动力问题是教师职业发展要求中的内因性问题，它关乎教师队伍的整体素质和教育教学质量。对于这个问题，要以外部条件和环境的创设作为基本立足点来探讨。

一方面，需要认识到精神鼓励与物质奖励并存，是激发教师内在动力的重要手段。其中包括以多样化的刺激点支持在职教师参与、主持课程思政研究课题，并积极倡导在职教师进一步开展课程思政育人活动。这样既能满足教师的专业发展需求，也能激发他们的积极性。另一方面，教师在进入教育系统后，需要承担的教学、科研任务较多，再加上年度考核标准较为重视教师的教学和科研业绩，这在一定程度上加剧了教师之间的竞争。且课程思政与立德树人的育人总目标在教师的考核、晋升指标中占比不多。

这一现象的背后，是人性中先天的趋利避害的经济人假设对教育管理提出了挑战。教师往往会优先关注易于量化和评价的指标，而对于课程思政等难以量化但同样重要的教育目标，关注度则会很高。面对这一挑战，当前各级各类学校需要探索怎样结合经济学、管理学、教育学和心理学的相关理论，提出具有可行性的在职教师发展方案。这需要从制度设计、考核机制、激励措施等多方面入手，切实推动课程思政与立德树人的有机结合，从而提升教师队伍的整体素质。

（一）强化教师培训

教师的专业素养和教育教学水平直接影响着学生的成长。因此，我国高度重视教师的培训，旨在提升教师的教学能力，关注教师的发展。将教师个人发展职业诉求与学校发展、立德树人培养总目标结合，有利于课程思政实现立德树人的培养总目标。

立德树人是我国教育的重要任务，而课程思政育人正是实现这一目标的重要手段。为此，应将课程思政育人纳入在职教师的年度考核指标体系中，使之成为评价教师工作的重要依据。同时，也要将以立德树人为核心的价值观念贯穿到教师的日常行为规范之中，以此作为考核教师行为准则的主要标准。

我国的在职教师培训项目中，“国培项目”也好，“省培项目”也罢，都应高度重视课程思政内容的融入。通过培训，提升在职教师对课程思政问题的认知程度，使他们在教育教学实践中能够更好地落实思政教育。此外，各级各类学校也应大力支持以课程思政、立德树人为主题的应用研究项目。鼓励在职教师积极参与这些研究项目，将思政元素融入专业课程教学之中。在实施过程中，应遵循课程知识结构和课程发展规律，充分调动以专业课程讲授为主的教师队伍的积极性。只有教师队伍充满活力，才能更好地实现课程思政和立德树人的目标。

（二）合理开发、利用思政案例

随着我国教育事业的发展，课程思政已经成为教育工作的重要内容。然而，如何在实际教学中充分发挥课程思政的价值，仍面临着一些挑战。当前，在职教师已经认识到课程思政的重要价值，但是受限于自身专业能力和学科差异，他们在实践中往往难以找到合适的案例和材料。此外，尽管教育管理部门已通过文件下达、通知、倡导等行政手段鼓励课程思政建设，但教师个体在操作过程中仍存在诸多难题。

首先，教育管理部门或学校应配备研究经费，开展实地调研。通过深入了解各级学校的实际情况，结合社会经济发展水平，总结、提炼出可行的课程思政素材。这将为教师提供丰富的教学资源，帮助他们更好地实施课程思政。

其次，教育管理部门可以组建专家团队，开展咨询工作。通过专家团队的优化，为课程思政素材提供专业指导，确保其符合教育教学规律。在此基础上，形成实施手册，为教师提供课程开展的具体指南。

再次，可以开展试点教育工作。选取具有代表性的学校与专业进行思政案例实践，以点带面，推动课程思政的全面发展。试点工作的成果可以为其他学校和专业提供借鉴，促进课程思政的推广。

最后，课程思政素材与案例库应经过实践验证后，根据实际问题进行优化调整。在确保其有效性的基础上，大面积推广使用，使课程思政成为我国教育事业的有力支撑。

（三）构建共生循环机制

随着我国社会经济的快速发展，教育行业也在不断变革和创新。在这个过程中，教师的角色和职责也发生了很大的变化。结合国家和社会的发展，建立教师个人发展与课程思政的共生循环机制，激发教师内在动力，已成为新时代教育的重要任务。

首先，要通过教育与思政案例的开发和使用，构建课程思政育人体系，这不仅具有理论价值，更具有实践意义。在执行过程中，要充分发挥专业教师的主导作用，融入思政教育元素，使得学生在专业学习的过程中，也能够接收到思政教育的影响。

其次，要调动专任教师队伍的积极性，将教师的职业发展与社会主旋律结合起来。教育管理部门可以通过组织思政课题研究、课程思政竞赛等，激发教师全面、积极参与。这样，既能提升教师的教学水平，也能提高教师的思政教育能力。

再次，全体教师开展课程思政教育活动是新时代教师的光荣使命。在这个过程中，要充分考虑教师的实际生活需要、职称晋升、科研要求等，将教师个人发展与课程思政、立德树人的基本要求有机结合。

最后，要将教师个人发展诉求与思政教育出发点有机统一，探索现实可操作的结合路径。这样，既能满足教师个人发展的需求，又能实现思政教育的目标。

三、完善教师考核机制

教师考核是学校工作指向的重要体现。它不仅关乎教师的工作质量，也对学生的成长和发展产生深远影响。高校教师考核体系一直以来都备受关注，它包含了“德、能、勤、绩、廉”五个方面，这个体系在一定程度上具有合理性。在这五个方面中，“德”指的是教师的道德品质，“能”是指教师的专业能力，“勤”是关注教师的工作态度，“绩”则是关注教师的工作成果，“廉”则关乎教师的廉洁自律。这五个方面全面涵盖了教师工作的各个方面，既注重教师的内在品质，也关注教师的工作表现。

随着教育改革的深入，高校教师的考核体系也在发生变化。相较于传统的要求，现在的考核更注重教学业绩。这体现在高等教育院校教师的评价主要指标是教学和科研业绩。这表明，教育部门越来越重视教师的实际教学效果和科研成果，这是推动我国高等教育事业发展的重要手段。但这在一定程度上影响着学生的全面发展。另外，当前教师考核通常采用学期末或年终测评，对于过程性评价的关注还有待强化。因此，完善教师考核指标体系，使之更加科学、合理，是当前教育改革的重要任务。

（一）建立与完善教师考核指标体系是考评课程思政开展的前提

新时期，对高校教师进行考核，要体现立德树人的宗旨，实行多元化、全过程的评价。在实施考核时，要明确，教师在个体发展、职业晋升和职称晋升等方面要克服唯论文、唯“帽子”、唯学历、唯奖项、唯项目等倾向。一味注重教师的科研能力和教学业绩是不可取的。但教师科研能力和教学业绩又反映了其工作能力，因此，也要给予必要的关注。此外，在制定教师的评价指标时，要对过程评价进行综合考量，将课程思政和立德树人总目标落实到教师的考核之中。

（二）在教师考核体系中建立有效的奖励考评制度

在优化教育行政体制的背景下，如何建立一套能够激励教师积极参与课程思政教育和立德树人培养目标的激励考核体系，成了一个亟待解决的问题。为实现这一目标，以下几点应得到重视。

奖励考核体系应从内驱力角度使教师认同课程思政和立德树人总目标。只有让教师自觉地认同和接受这个目标，才能更好地将其付诸实践。这就意味着，在制定奖励考核政策时，应充分考虑教师的学术自由与专业发展需求，给予他们更多的自主权和发展空间。

教师的主导地位应得到充分尊重，也应体现出组织的人文关怀。教育管理者应该倾听教师的声音，对他们的需求和建议给予关注和回应，使他们感受到组织的关怀与支持。只有这样，教师才能发挥他们在教学与科研过程中的积极性和创造力，更好地贯彻立德树人总目标。

我国教育行政体制主要特色为下级服从上级的等级制。但是，在推进课程思政和立德树人目标的过程中，应反思这种等级制带来的影响。教育管理者应认识到课程思政教育和立德树人培养目标的重要价值与意义，适当放手，真正以教师为中心，以学生为本。

教师的内生驱动力是推动他们积极参与课程思政和立德树人目标的关键因素。除了物质奖励外，还应注重日常教育，激发教师的使命感、责任感和荣誉感。通过定期组织教研活动、提供培训机会等方式，帮助教师提升自身专业水平和课程思政教育能力，从而更好地贯彻立德树人总目标。

教师在实际教学与科研过程中应将立德树人总目标贯穿其中。这就要求教师根据具体的学科特点和学生需求，将课程思政和立德树人的内涵与学科知识相有机结合，形成一种融贯教育全过程的教学理念和方法。只有这样，才能真正实现立德树人的目标，将教师培养成为担当民族复兴大任的时代新人。

1. 评价考核的指导思想方面

以课程思政和立德树人培养总目标为主要评判准则、要素，判定一位教师是否合格的先决条件应该是要落实好课程思政，而评判一位教师是否优秀的主要指标，应该是看其是否将立德树人总目标落实到了平时的教学、研究实践中。

2. 具体的教师考核实践方面

（1）教师考评是评估教师工作表现和教学质量的一种重要机制。为了确保考评的全面性和科学性，考评应该贯穿整个学期或整个学年的日常教育、实践活动。一种可以采用的考评方式是使用“档案袋”，将坚实的各项教学资料和记录放入袋中，以便评估人员查阅和评价。

（2）考核过程中，应重点关注教师的言行一致以及实际践行情况。言行一致意味着教师的教育理念和教学目标要与实际行动相符。实际践行情况则指教师是否能够将理论知识转化为实际教学中的有效实践。通过对教师言行的观察和实际践行情况的评估，可以更全面地了解教师的教学能力和专业水平。

（3）为了减少考评误差并客观反映教师的能力，考评机制的设计应结合学生评价和同行评价。通过学生评价可以从学生的角度了解教师的教学效果、对学生的关心程度。同行评价则是指其他教师对同事的评价、意见，这可以为教师评估工作提供一个更为广泛的视角。通过综合考评结果，可以更准确地评价教师的能力和潜力。

（4）教师考核应发挥教师的主导作用，尊重教师个人特点和群体内驱力的激发。教师应当在考核中积极参与。考核机制应该尊重教师的个人特点和教学方式，鼓励他们发挥自己的创造力和教学能力。此外，考核也应该激发教师群体内的内驱力，通过与同事的交流和合作来促进教师的自我提高和专业成长。

（三）注重教师考核标准与体系的可行性和可操作性

教师考核标准的优化与调整是当前教育领域亟待解决的问题。为了更好地培养教师，加强其素养，应在现有的考核标准基础上进行完善。首先，要将有关课程思政和立德树人的内容纳入考评范围。这是因为在当前社会发展和教育环境下，培养学生正确的价值观和思维方式极为重要。教师在课堂上的课程设计和教学实践中，应积极引导学生形成正确的人生观、价值观和道德观。因此，将课程思政和立德树人纳入教师考核标准中，能够更好地评估教师的教学水平。

其次，教师考核体系中除了总结性评价外，还应增加过程性评价。总结性评价主要侧重于对教师在一段时间内的教学成果进行总结和评价，能够对教师的整体表现进行评估。而过程性评价则更注重于对教师在日常教学过程中的表现进行跟踪和评估。为了更准确地了解教师的教学能力和态度，应该采取同行评议、教师自评和他评相结合的方式，从不同角度全面评估教师。

最后，教师考核标准的可行性与可操作性应该体现在教师主导作用方面。教师应该成为考核标准的主要参与者和评价者，应该根据他们的教学特点和教学目标来制定具体的考核标准。只有让教师充分参与到考核标准的制定和评价流程中，才能够更好地发挥他们的主动性和创造性，促进教育教学的创新与进步。

第二节　课程思政协同育人机制

一、构建全课程育人机制

（一）基于学习目标的全课程育人机制

课程思政教育旨在为学生提供一个全面发展的学习环境，使他们不仅能够获得专业知识和技能，还能够培养正确的价值观念和行为。为了实现这一目标，课程思政教育需要与知识、技能和价值三个维度结合。

首先，课程思政教育应该与专业课程结合起来，以发挥其对学生的价值引领和影响的重要作用。通过与专业课程的有机结合，课程思政教育可以更好地将价值观念融入学生的学习过程中，使他们在专业学习的同时也能够培养正确的价值倾向。

其次，课程目标的设立应包括价值认同目标。也就是说，课程思政教育不仅关注学生的知识和技能，还致力于帮助他们形成正确的价值观念和行为。通过强调正义、公平、诚信等价值观念的培养，课程思政可以引导学生在实践中积极践行这些价值，培养他们的社会责任感和良好的行为习惯。

最后，课程思政教育过程中应该传授相应的知识和技能，并通过学生内化这些知识和技能来培养正确的价值倾向。这意味着课程思政教育不仅仅是知识的传授，更重要的是通过积极地学习和实践来让学生真正理解、认同这些知识和技能，并将其内化为自己的行为准则和核心价值观。这样一来，学生才能够在今后的学习和生活中真正做到知行合一，将正确的价值观念贯穿于自己的一生。

（二）基于课程建设的全课程育人机制

课程是学科和专业的基本组成单元，它们的开发、利用和实施通常伴随着三个主要目标：知识传授、能力培养和价值引领。这意味着课程不仅仅是为了传授知识，还要培养学生的实际能力，并引导他们树立正确的价值观。

在学科体系中，各个课程之间是相互联系的。实际上，专业设置决定了各个课程之间的关联性，因为，它们应共同服务于该专业的培养目标和要求。所以，在设计课程时，需要考虑其与其他课程的协调与衔接，以确保学生能够获得全面而系统的学习。其中，课程思政教育是通过互相打通课程的形式，促进学生学习的一种方法。也就是将思政教育融入各门课程中，通过与其他学科的关联，使学生在学习过程中更好地理解和应用思政知识。这种方法不仅有助于增强学生的学科综合素养，还可以提高他们的思维能力和问题解决能力。

同时，专业设置受到社会需求和经济产业结构的影响。许多学生在选择专业和选修课程时会考虑现实诉求和功利性因素。这意味着他们更有可能选择与就业市场需求密切相关的专业，并选择能够提高自己就业竞争力的选修课程。因此，在开展课程思政教育时，需要考虑到学生的需求和期望，与社会的发展趋势相结合，以提高课程的实际效果。开展课程思政教育要确保教育理念与专业课程相结合，实现学生的现实诉求和道德素养的培养。这意味着教师应当在教学过程中注重思政教育的内容和方法，将思想政治教育与专业知识相结合，引导学生树立正确的人生观和价值观，培养他们的社会责任感和道德素养。这样，通过课程思政教育的实施，学生可以更好地适应社会的发展需求，为实现国家的长远发展目标做出贡献。

在义务教育阶段，课程学习主要强调学科知识的掌握，课程思政的实施也是以学科为基本单位，将思政知识融入其中。而在非义务教育阶段，各级各类的大中专院校课程设置更注重根据专业实际需求。学科分类体系包括一级学科、二级学科和国家规定的专业门类。这样的分类体系为学生提供了选修不同学科和专业的机会。例如，在课程思政的教育体系中，学生可以通过通识教育完成自己的选修计划，探索不同学科和专业的知识。课程思政结合通识教育，有利于培养学生的综合素养。

（三）基于课程分类的全课程育人机制

我国高等教育课程主要分为：专业课程、综合素养类通识课程、思想政治理论课程。课程思政与这些课程整合有着十分积极的意义。

首先，专业课程是高等教育内容中非常重要的一部分。将课程思政教育与专业课程有机整合起来，可以通过专业课程的学习，培养学生正确的职业价值观念和敬业精神。

其次，综合素养类课程在高等教育中也占有重要地位。这些课程并不只是为了传授专业知识，更重要的是实现学生的全面发展。将这些课程与课程思政进行融合，可以使学生逐渐形成社会主义核心价值观，培养正确的人生观和价值观。

最后，思想政治理论课程是学生学习中国特色社会主义理论的重要途径。通过这门课程的学习，学生可以深入了解中国社会的发展和现代化建设问题。同时，这门课程还能帮助学生培养良好的价值观念，增强其对社会主义建设事业的认同。

二、构建学科课程与思政课程共建机制

（一）形成协同备课机制

课程思政的教育教学理念应该贯彻到学科课程的各个方面，包括教学大纲、教材教法和课外拓展等。实现课程融合的重要措施是建立常态化的思政教师与学科教师集体备课制度。通过思政教师与学科教师的集体备课，可以共同挖掘出学科课程中的课程思政元素，从而提高学科课程的思想政治理论素养。在集体备课中，思政教师可以与学科教师共同探讨如何将思政教育融入学科课程中，以更好地培养学生的思想政治素养。而且，在集体备课过程中，可以重新修订课程教学大纲，从中挖掘学科课程中的思政教育元素。这些元素可以是与时事热点相关的内容，也可以是历史上的重要事件或者人物，还可以是体现社会主义核心价值观的案例。思政教师和学科教师可以共同商讨、共同设计教案，确保学科课程不仅能够传授专业知识，还能够引导学生树立正确的世界观、人生观和价值观。

集体备课不仅有利于思政教育的融入，也可以提高教师的教学水平和教育能力。通过与思政教师的合作，学科教师可以从中获得一些与思政教育相关的教学方法和策略。思政教师可以为学科教师提供一些专业的指导和建议，帮助他们更好地把思政教育理念融入课堂教学中。这种合作可以有效地促进教师互相学习、互相借鉴，进一步提升整体教学质量。

1. 思政教师协助进行各学科课程标准的修订

修订后的课程标准包括了思想政治素质目标，旨在通过具体课程的安排和设计，培养学生的综合素质与思想政治意识。为了实现这一目标，需要对各学科课程进行修订和完善，以便更好地引导教师编制教学大纲和计划。

针对不同学科课程的差异，需制定分学科、分专业、分课程的针对性课程计划。这样可以确保教学目标与课程内容相匹配，提高学生的学习效果。同时，还要注意尊重专业课程的独特属性，在保证课程思政效果的同时，防止破坏专业知识体系。在科学规划和安排课程时，需要细致地考虑

各门课程的重点内容、时间顺序和考核目标。通过合理地安排，能够使学生在有限的学习时间内充分掌握必要的知识和技能，并顺利完成考核要求。此外，要强调课程的质量和实效。修订后的课程标准应当基于实际需求和教学实践，旨在培养具备综合素质和思想政治意识的优秀人才。在推行修订后的课程标准时，应当加强教学研究和反馈，不断改进和优化教学方法和内容，以提高教育教学质量和培养学生的能力。

2. 协同备课可以增加课程思政的教学素材，丰富课程思政的教学内容

通过思政教师与学科教师的共同备课，可以挖掘出思政教育与学科知识的结合点，使思政教育融入学科教学中。同时也为课程思政提供丰富的教学素材。

3. 协同备课能确保学科课程思政方向的正确性

协同备课还可以为其他学科课程的规划和开发提供理论指引。思政课程是道德教育的重要组成部分，而在实际教学中，许多学科课程的道德教育内容往往需要进行深入挖掘。协同备课的方式可以有效解决这一问题，充盈学校的道德教育资源，实现综合育人的效益。通过协同备课，教师可以相互借鉴和学习，提高自身的教学水平和教学质量。思政教师可以从学科教师那里获取更多的教学素材和案例，丰富自己的教学内容；而学科教师则可以借助思政教师的专业知识和教学经验，提升自己的道德教育能力。这种互相合作的方式，不仅有助于教师们的专业发展，也有利于学生的全面发展。

（二）建立联合开发课程机制

1. 联合开发课程思政的校本课程

在推进思想政治教育的过程中，课程思政的实施方式至关重要。为了更好地培养学生的思想品德，需要采用结合式、渗入式等方法，将课程内容与当地特色文化和地域知识相结合。这样的教学方式能够使学生更加贴近实际，更深入地了解和认知自己所处的环境。

校本课程开发应以课程思政为核心，实现多点辐射、有机贯通的思想政治教育。通过将思政教育贯穿于各个学科和课程之中，学生在学习过程

中能够不断地接触和体验思政教育的内容与价值。为了实现这一目标，学科教师与思政教师应共同参与校本课程的开发，并联合编制校本教材。这样的做法有助于促进学科与思政教育的整合，使两者相互协调，相互渗透。同时，教师联合式的校本课程研发模式也能够满足地方、学校和学生的实际需求，提升教师的专业素养。

在整个校本课程开发的过程中，需要注重调研和实践。通过深入了解当地特色文化和地域知识，教师才能够更好地将其融入课程中。同时，教师还需要通过实践，不断积累经验和改进教学方法，以提高课程思政的实施效果。只有这样，才能够真正实现校本课程与思政教育的有机结合，为学生的思想品德培养提供更好的教学环境和资源。

2. 联合建设与打造课程思政的优质课程、示范课程

学科课程与思政课程是高校课程的两个重要组成部分。为了提高课程的质量，学科课程与思政课程教师可以联合起来，组建一个课程思政优质课的建设团队，共同合作，统筹教育资源，加强各类课程的建设。

首先，思政教师的参与对于课程标准和内容的制定非常重要。他们与学科教师一起定制课程内容，可以使其更加贴合现实需求和学生的兴趣。此外，思政教师还能够有计划、分阶段地整理和开发课程思政资源，为学科课程的教学提供有力支持，加强思政教育与学科课程的整合。

其次，思政教师的参与还可以帮助学科教师设计课程思政的教学情境。他们可以根据学科课程的特点和教学目标，提供合适的教学情境，帮助学生更好地理解和应用所学的知识。此外，思政教师还可以丰富教学资源库，为学科课程提供更多的案例和实例，增加教学的趣味性和互动性。

最后，优质课程资源联合建设团队的成立和不断改进，可以推动知识传授与育德育人的融合。他们可以共同努力，持续改进和完善课程资源，确保教学内容和方法符合现代教育要求。通过这种方式，可以帮助学生全面发展，培养学生的情感、态度和价值观，为学生的成长提供有力支持。

（三）建设课程质量监督共管机制

让思政课教师、班主任等思政教师队伍参与到课程思政质量监控之

中，旨在共同监管课程思政的实施质量，特别是监督学科课程的思政教育方向与立场的正确性。主要监督考察以下几个方面的内容。

首先，考察教师的教学态度和教学准备情况。关注教师在为人师表、教学准备和讲课投入方面的表现。通过监控教师的授课设计，来评价教师的教学态度。

其次，着重考察教学内容方面。思政教育队伍会担任教学督导的角色，对学科教师在课堂讲授中是否落实了课程思政进行考察。及时纠正学科教师在课堂上的不当言行，并督促他们坚持正确的政治方向，站稳政治立场。同时，也将不断加强对课程思政的监督效果。

再次，考察教学方法与教学手段。主要关注教师是否采用了启发式教育、是否能够帮助学生增强自主探究式学习能力。同时，关注教师是否进行了案例分析与讨论、是否促进知识的应用，并且教学活动形式是否多样化。此外，还要审查教师是否进行了演示、讨论等训练，以及课件设计和板书运用是否得当。

最后，考察课堂管理与教学效果。看教师是否关注了学生的学习状态、是否能够有效维持教学秩序，以及教师是否预留了一定的时间给学生进行练习，并能够耐心地解答学生的问题。另外，也要注意学生是否专注听课、是否积极思考和参与练习，以及是否与教师进行互动。还要对学生的出勤率和学习状态进行考察。

三、构建专业课与思政课教师联动机制

当前，课程思政的建设在高校中逐步推进，然而部分思政教师对课程思政持这是学科教师的责任，与自身关联度不大，不愿参与其中的态度。同时，部分学科教师也认为只要上好自己的课程就足够了，不愿花费精力推进课程思政建设，甚至认为这是荒废了自己本职工作。面对这种现象，思政教师与学科教师之间必须建立起相互关联的机制，保证两支队伍能够常态化地合作和发展。

一方面，思政教师应该加强对学科教师的引导和培养，帮助他们理

解课程思政的重要性和意义。同时，思政教师也应该增加对学科教师的学科知识和专业技能的了解，以更好地与他们合作。另一方面，学科教师也需要改变自己的观念，意识到课程思政建设是每个教师的责任。课程思政不仅是传授学科知识，也是培养学生的思想道德素质和社会责任感的重要途径。只有将思政教育融入课程中，才能真正实现素质教育的目标。

（一）建立双向沟通机制

思政教师是担负着重要使命的教育者，他们应当具备深厚的思想政治教育理论和丰富的育人经验。学科教师对专业课程的研究较为深入，但其育人意识和能力还有待提升。为了解决学科教师在思政教育方面的问题，需要充分挖掘课程中的思政元素，使他们认识到课程不仅仅是传授知识，更应该实现思政育人的目标。学科教师可以在教授专业知识的同时，引导学生对思政问题进行思考和讨论，培养他们的思辨能力和社会责任感。

此外，思政教师和学科教师之间也需要加强联系和深入沟通交流，互相借鉴、学习，通过对话和合作，提升各自的教育水平和能力。为此，学校应当建立起思政教师与学科教师之间的双向沟通机制，促进他们之间的交流和合作。协同备课和交流学习活动是解决问题的有效途径。通过这种方式，学科教师可以与思政教师一起讨论和研究教育问题，提高其思政教育知识和能力。同时，思政教师也可以通过协同备课，了解学科教师的教学特点和需求，更好地进行教学指导。

搭建沟通平台和资源共享平台也是非常重要的。学校可以建立起一个平台，让思政教师和学科教师可以随时交流和分享教学经验，相互借鉴和取长补短。这样的平台将帮助教师更加高效地开展工作，实现师资队伍之间的优势互补。

（二）形成协同教研机制

1. 建设复合型的教研共同体

学科教师是学校开展专业思政和课程思政教育的中坚力量。他们是学生在专业学科领域接受教育的重要指导者和启蒙者，能够将思政教育融入专业课程之中，让学生在学习专业知识的同时培养思想道德品质。想要有效提升学科教师的育人意识和育人能力，组建教研共同体是至关重要的。教研共同体可以提供一个合作交流的平台，让教师之间相互借鉴经验，共同提升教学水平。教研共同体不仅是一个组织形式，更是一种教育理念，强调集体智慧和团队合作的重要性。

构建复合型教研共同体是当前的发展趋势，以学科教师为核心，辅以思政教师、辅导员、班主任及校外专家等育人主体。通过协调各方力量，整合内外资源，可以构建多种复合型教研共同体模式，如，“学科教师+思政教师”“学科教师+校外专家”等。这样的组合可以充分发挥各方的优势，实现教学的多元化和全方位发展。在复合型教研共同体中，不同类型的教师共同致力于挖掘专业课和学科特色的思政元素，耦合育人建设，打通校内外育人渠道，提升育人空间和水平。学科教师可以通过与思政教师的合作，将专业知识和思想道德教育相结合，让学生在学习专业课程的同时更好地培养自身的人文素养。辅导员和班主任可以通过与学科教师的合作，关注学生的全面发展，积极践行素质教育。校外专家的参与则能为学生提供更广阔的视野和实践机会，促进学科教育与社会实践的结合。

2. 构建跨学科的教研模式

为了推动课程思政教学顺利开展，需要构建一系列科研合作机制，转变原有的科研模式。传统的科研模式主要以学科教研室、课题组为主，这种模式在促进学科发展方面具有一定的作用。但为了更好地实现课程思政教学的目标，需要引入跨学科、跨专业的教研模式。因此，应该建立协同创新中心、智库团队等协作机制，鼓励各学科之间的合作研究。通过这种方式，不同学科的教师可以相互交流、共享经验，并在思政教学方面进行更深入的合作。

此外，为了促进不同育人主体之间的互通、互联，应定期组织跨学科教研活动。例如，组织学科教师与思政教师、班主任等进行教研活动，旨在提高他们之间的交流与合作。通过这种方式，可以促进各个育人主体之间的联系，实现知识和经验的共享，从而提高整体的教学水平。

另外，还需要以研促教，强化学科教师的教研素养和思政教育素养。通过参与教研活动和合作研究，学科教师不仅可以提高自己的学科教学能力，还能够增强思政教育素养。这样的转变将有助于他们从传统的知识型教师向素养型教师发展，以更好地实施课程思政教学。

（三）构建互助合作机制

1. 实现信息互助

学科教师与思政教师、辅导员等的合作是优化课程思政效果的关键。通过实现信息互助，不同教师可以共同完成课程思政的教学任务。学科教师擅长传授专业知识，而思政教师、辅导员等则擅长引导学生形成正确的道德观念。通过合作，学科教师可以将专业知识与思政教育有机结合起来，提高课程思政的教学效果。

2. 实现经验互助

聘请高水平的优秀教师、专家学者等作为特聘教师，可以为学科教师开展课程思政教育提供宝贵的经验和案例。这些特聘教师具有丰富的实践经验和专业知识，他们通过分享自己工作和生活中的经验，可以引导学生树立正确的人生观和价值观。特聘教师可以通过讲座、研讨会等形式将他们的经验传递给学生，为思想政治教育提供有力支持。

3. 实现资源互助

为了加强这种合作与引进特聘教师，还需要制定相应的政策。一方面，建立思政教师与学科教师结对帮扶机制，可以促进教师之间的良好互动与合作。思政教师可以通过提供教育指导、组织活动等方式帮助学科教师更好地在教育教学过程中融合思政教育。另一方面，引进特聘思政教师巡讲机制，通过特聘教师巡讲，可以让思政教育更好地融入各个学科、贯穿整个教育过程。这样可以最大程度地优化整合教育资源，提高课程思政的水平和效果。

第三节 课程思政教学实施机制

一、教学对象的引导与激励

（一）树立生本意识，以生为本

树立生本意识，关注学生的积极性和参与度是当今教育领域的重要课题之一。在组织策划课程思政实践活动方面，教师需要关注学生的主体意识，培养他们对学习的积极性和主动参与度。

教师和学生关系的重要性不言而喻。良好的师生关系可以为学生提供一个舒适、安全的学习环境，促进他们的学习效果和学习兴趣的提升。教师不仅仅是知识的传授者，更是学生的榜样和引路人。教师需要关注学生的情感需求，倾听和尊重学生的意见和建议，建立起相互信任和尊重的师生关系。

教师的主导作用在课程思政实施中起着关键的作用。教师是课程思政的实施者，在课程的不同阶段都发挥着主导作用。首先，在确定课程思政的议题时，教师需要综合考虑学生的内在需求和社会发展的需要，选择合适的议题。其次，在课程实施的场域选择上，教师应该根据教学目标和内容，选择适合的学习场所和形式。此外，教师的立场和观点也需要体现在课程的设计和评价中。最后，教师需要合理控制课程的节奏，确保学生能够充分参与和理解，达到预期的教学效果。

教师应接受课程思政的教育理念，对课程思政教育充满热情，以实现立德树人的教育目标。教师应该不断学习和更新教育理念，积极投入到课程思政的实施中。只有教师本身具备积极向上的品质和态度，才能够通过自身的示范，影响学生的学习态度和品德修养。

（二）发挥学生的主体性作用

学生作为学习的主体，其学习受到环境、教学过程以及自身主观能动性的影响。只有在充分听取和重视学生想法、需要，将学生放在心里，站在学生的角度，才能充分调动学生参与课程学习的积极性，引发其情感共鸣，让学生的主体性得到充分的体现。通过设计灵活多样的课堂活动，可以充分调动学生的积极性和求知欲。

另外，家长对于学业成绩的关注，也会对子女的学习动机和价值观念产生一定的影响，从而对学生的学习热情产生一定的作用。学生主体意识主要体现在他们对课程思政教育的积极性，以及开展自我教育，实现自我提升上。在此过程中，学生应积极将自己的价值体系、思维能力、认知能力与课程思政相融合，培养正确的价值判断能力，从而实现自身全面发展。

（三）学生主体地位的体现

学生主体地位的体现是指通过特定方式和途径，让学生在教育过程中充分发挥自主性和创造性，积极参与到课程思政教育中来。这是为了满足新时代学生培养目标的要求。

首先，学生应积极、主动接受课程思政教育。作为新时代的学生，应具备社会责任感，自觉接受课程思政教育，并在实际生活中践行社会主义核心价值观。通过自主学习和实践活动，学生能更好地理解社会现象，增强自己的社会责任意识。

其次，课程思政教育需要结合学生的价值观念和对社会现象的判断。这有助于使思政教育更具目的性和针对性，能够与学生的观念相结合，引导他们正确看待社会现象，并对自己的行为做出正确的选择。通过与学生的互动和讨论，教师可以了解学生的思想意识和价值观，针对性地进行引导和教育。

再次，考虑到学生受社会新闻事件和网络的影响较多，课程思政教育应该具有趣味性、计划性和策略性。通过设计形式多样的教育方法和教学活动，如，组织实地考察、辩论等活动，使课程思政教育更加生动有趣，能够吸引学生的注意力和提高参与度，从而更好地引导学生的价值观念。

最后，课程思政教育应从实际的教育现象和内容出发，使学生明确个人的社会责任感与祖国的前途、命运息息相关。教师通过教材、案例等向学生提供真实的社会信息，让他们深入了解国家发展的现状和未来走向，激发他们的爱国情怀和责任意识。

（四）课程思政教育在具体的教学和实施过程当中应当具有可信度

课程思政教育是培养学生思想道德品质的一种重要方式，在当前的课程思政教育中，存在一些需要完善和改进的地方，为更好地进行课程思政教育，要结合学生既有的生活经历和价值观念。也就是说要从学生的实际情况出发，了解他们的生活经历和思想观念，以便更好地设计和传达课程内容。同时，教师对社会的理解和学校教育的各项内容也应该融入课程思政教育中。教师作为学生的引路人，需要对社会有充分的了解和认知。只有这样，才能在课堂上更好地与学生进行互动和对话，引发学生的思考和理解。此外，融入学校教育的各项内容也能够帮助学生更好地理解和应用课程内容。

教育工作者要注重课堂教学的质量，尽量避免应付、敷衍的态度，切实关注每个学生的发展和思想需求。现代学生在信息爆炸的时代成长，他们需要更加活跃和多元的教育形式。因此，教师要创新教学方法，通过互动式的课堂讨论、案例分析等方式培养学生的思辨能力和批判思维。此外，学校和教育工作者应该加强跨学科教育，让学生能够将思政教育与专业学习紧密结合起来，发挥二者的互补作用。在课堂教学中，教师应该更多地起到引导和激发学生的作用，而不仅仅是传授知识。学生需要成为课堂的主体，通过思考和互动与教师进行深入的交流。这样的课堂氛围能够激发学生的学习兴趣和积极性，提高他们的思想水平和素质。

二、教学资源的挖掘与整合

实施课程思政教育首先需要挖掘、整合教学资源。在当今社会，思想政治教育不能仅仅停留在传统的思政课堂上，而是需要融入各类专业课的教学内容中，使学生在学习专业知识的同时也能够接受思想政治的教育。

课程思政教育的课堂可以分为四类。第一类是传统的专业课学习课堂，即在各个专业课程中，将思政教育的内容融入其中，通过专业知识的学习来启发学生对于社会和人生的思考。这种方式能够使学生更好地理解专业知识的意义，并将其运用到实际生活中。第二类是传统的思想政治教育课堂，这是一种独立的思政课程，主要以讲座、讨论等形式进行。这类课堂可以提供更深入的思政教育内容，让学生了解国家、社会、人民的历史与现状，培养他们的爱国情怀和社会责任感。第三类是由教辅人员主导的德育课程思政教育相关的课外课堂。教辅人员可以通过实例分析、案例讨论等方式，将思政教育的理念与实践相结合，引导学生思考人生道路、职业选择、社会问题等方面的议题，培养他们正确的人生观和价值观。第四类是以网络视频为主要形式的线上课堂。随着互联网的迅速发展，网络视频课堂成为一种重要的教学形式。通过线上课堂，可以将优质的思政教育资源引进校园，供更多的学生学习和参与讨论。这种方式不受时间和空间的限制，能够更好地满足学生的学习需求。

我国当前的课程思政教育主要侧重于第一类课堂。在这一类课堂中，专业课教师扮演着主要的推动角色。他们需要在授课过程中将课程思政教育的内容与本专业的基础知识相结合。这种结合能够帮助学生更好地理解和应用思政教育的概念和原则。传统的思想政治教育课堂是学生开展思想政治教育的主要战场和阵地。如果思政教育课堂与学生的专业课程结合程度不够，可能会导致教育效果打折扣。因此，第一课堂和第二课堂的有机融合成为未来课程思政教育的发展方向和趋势。课外课堂在教育中也起到了非常重要的作用，它不仅可以帮助学生在学校之外继续学习知识，还能够培养他们的职业素养和能力。此外，网络课堂的教学形式多样，可以满足学生使用网络进行学习的需求。

近年来，随着人们对思政教育的重视程度不断提高，如何打通四大课堂教育的渠道和途径，实现课程思政教育的系统化和一体化已经成为了一个重要的话题。课程思政的教育目标是培养学生的知识、能力和价值观的统一，其中，知识传授是基础，能力培养是重点，而价值导向则是最高追求和最终目标。

在专业课领域，可以充分利用更多的资源和平台，通过学生参观考察、讨论讲座、社会调研、竞赛等方式来实现课程思政教育的目的。这些活动不仅能加深学生对专业知识的理解，还能帮助他们建立正确的人生观、价值观和社会责任感。另外，还可以利用网络平台开展学生的讨论学习。通过在线讨论和互动，学生可以更加深入地思考和讨论一些社会热点问题和思政教育案例。这样的讨论不仅能够提高学生的思维能力，还可以培养他们的团队合作精神和表达能力。

在课程思政教育体系的建设过程中，教师之间的互相协作是非常重要的。不同学科的教师相互协作，共同开发出适合自己领域的课程思政教育内容。这样一来，学生就可以在不同学科中接触到多样化的思政教育资源，从而实现知识、能力和价值观的统一。此外，组织内各级、各类学校的各部门教师团结协作，也是帮助学生实现真正成长和价值引领的重要方式。各个部门的教师可以加强沟通与合作，共同制定和实施思政教育计划，使思政教育贯穿学生在校期间的方方面面，从而更好地培养学生的综合素质和价值观。

课程思政教育是一种全员、全体系的育人机制和培养体系。而教师的能力素养和资源挖掘是这个机制和体系的基础。事实上，所有课程都可以挖掘出与课程思政相关的资源。课程资源的挖掘应该体现出科学性和系统性。各种专业的课程体系中都存在着与课程思政教育相关的资源。这些资源包括科学精神等价值引领方面的资源，以及能够影响学生理想追求和职业诉求的案例、资源。因此，教育工作者应充分挖掘和整合这些课程思政资源，使其与专业课程教育相结合，互为补充。

在实施课程思政教育时，教师可以运用多种方式来挖掘和整合相关资源。例如，可以通过课堂讲解、案例分析、讨论小组等方式将这些资源融入专业课程中。通过这种方式，学生不仅可以学到专业知识，还能够培养思想道德修养和社会责任感。此外，课程思政教育也需要注重创新和实践。教育工作者可以通过设计相关的实践项目或社会实践活动来引导学生将所学知识应用于实际情境中，促使他们在实践中体验和发展思想道德素养。

三、教学方法的创新与实践

（一）教学方法应与教学内容相适应

教学方法在课程思政中起着重要的作用，其科学性、系统性、连贯性以及多样性能够促进教育效果的达成。首先，教学方法应当有科学性，即根据教育心理学的原理和规律，设计合理的教学策略和方式，使学生的学习更加高效。其次，教学方法应当具有系统性，即从整体上把握学科知识的结构与内容，使学生能够全面地掌握和理解课程思政的内容。再次，教学方法应当具有连贯性，即从一节课到另一节课之间能够有逻辑和内容上的衔接，使学生能够形成完整的知识体系。最后，教学方法应当具有多样性，即根据学生的不同需求和特点，采用不同的教学方式，使教育更加个性化和有针对性。

专业课程的教学内容调整将直接影响教学方法的选择。教学方法要与教学内容相适应，才能更好地实现教育目标。例如，对于理论性较强的专业课程，可以采用讲解、演示和讨论等方法，帮助学生深入理解和掌握知识，而对于实践性较强的专业课程，可以采用实验、实习和案例分析等方法，培养学生的实际操作能力和解决问题的能力。因此，教学方法的选择要与教学内容相结合，才能提高教学效果。

（二）教学方法应多样化

新时代网络媒体技术和多媒体教室的应用将推动教学方法、教学形式和内容的变革。随着科技的不断发展，传统的教学方式已经无法满足学生的学习需求。网络媒体技术和多媒体教室为教学创造了更多的可能性。教师可以利用网络教学平台、教学软件和多媒体设备，通过图像、声音和视频等多种形式，使教学更加生动、直观和具体。同时，学生也可以通过网络进行自主学习、合作学习，拓宽知识面、提高学习效果。网络媒体技术和多媒体教室的应用将推动教学方法、教学形式和内容的变革，使教育更加现代化和个性化。

教师应采用多种形式和方式进行教学，教师在教学中应该采用多种形式和方式，以帮助学生更好地掌握专业知识和课程思政教育内容，使学生全方位地进行学习。多种教学形式和方式的组合应用，可以激发学生的学习兴趣，提高学生的参与度和主动性。同时，也有助于培养学生的综合能力、创新能力，影响其价值观和人生观。

以生为本的生本课堂理念教学模式能够促进学生掌握教学内容、实现教学目标。生本课堂理念是一种以学生为中心、注重学生主体性和参与性的教学模式。在生本课堂中，教师不再是知识的传授者，而是学生的引导者和促进者。教师注重培养学生的独立思考能力、合作能力和创新能力，通过引导和启发，使学生积极参与到教学过程中。生本课堂理念的教学模式能使教育更加有效、更具针对性。

师生互动、生生互动和同伴教育等教学方式方法已经在教育中得到广泛应用，这类方法能够丰富学生的学习体验、发挥学生主体作用、培养学生的启发式思维和独立思考习惯，且可以激发学生的学习兴趣，增强学生的参与度和动力。学生在师生互动、生生互动和同伴教育中可以相互启发、相互学习，提高学习效果和素质培养。

（三）重视体验式学习

在社会经济发展的背景下，学校教育越来越注重学生体验式学习。政府的投入增加也使得学校教学条件和教学资源得到了改善。体验学习是一种学生通过亲身经历、参与和实践来完成学习目标和学习内容的方式。这种教学方法直接影响着学生的学习成果和人生价值观的形成。

教师应根据教育改革的趋势，采用多种教学方法来进行思政教育。通过体验学习，学生可以接受爱国主义教育，增强对国家和社会的认同和责任感。学生在探索式、启发式和讨论式的学习方式下，能积极地接纳社会主义核心价值观。

体验式教育对课程思政教育的影响是深远的。它能够激发学生的学习兴趣和学习动机，促进知识的内化和转化。通过身临其境地体验，学生能够更好地理解和应用学到的知识，并且培养了批判性思维和创新思维。此外，体验式教育还能够帮助学生建立正确的人生观、价值观和道德观，塑造积极向上的人格品质。

（四）强化教学内容和方法选择的管理

教育管理在教学过程中扮演着重要的角色。首先，在教学内容和方法的选择上应加强管理。教育管理体现在制定课程计划和确定教学方法时的决策上。这需要教育管理者深入了解学生的需求和学习特点，以及教育目标和社会需求，确保教学内容与学生的学习能力、认知水平相匹配。同时，教育管理者还应关注教学方法的选择，采用多样化和灵活性的教学方法，以提高学生的学习效果。

其次，教育管理体现在教学材料的选择上。教育管理者应精心挑选适合学生学习的教材和辅助教材，并确保教材内容的准确性和可靠性。教育管理者还应密切关注教材的更新和升级，以跟上时代的发展和科学的进展，为学生提供最新、最适合的教育资源。

再次，教育管理在引导教育指导思想和价值导向方面起到重要作用。教育管理者应明确教育的指导思想和社会主义核心价值观，并将其贯穿于教育管理的各个环节。在制定课程计划和教育方针时，应注重培养学生的思想道德品质、创新能力和社会责任感。教育管理者还应加强对学生的思想教育和师德师风的建设，引导学生树立正确的人生观、价值观和世界观。

此外，教育管理应集中关注学生的社会主义核心价值观、中华优秀传统文化以及中华民族精神教育。教育管理者应倡导和弘扬社会主义核心价值观，使其贯穿于整个教育过程中；注重传承和弘扬中华优秀传统文化，培养学生的文化自信心和文化修养；重视培养学生的民族精神，通过教育使学生树立对家国、民族的热爱和责任感。

最后，教育管理是课程管理的第一步，为学生打下坚实基础。教育管理者应确立教育目标，制定合理的教学计划，并严格监控实施情况。教育管理者应建立健全课堂管理和学生评价制度，提供良好的学习环境和丰富的学习资源，为学生创造良好的学习条件。

（五）鼓励教学方法管理创新

在课程管理中，教学方式方法的管理应当鼓励创新。教师应尝试新的教学方法和策略，促进教学效果的提升。教学活动需要学生的积极参与，激发他们的兴趣和动力。同时，教师还应根据学生的不同需要和背景，采用不同的教学方式，以确保每个学生都能获得有效的学习体验。

教学材料的选择和运用应当体现科学性、时代性和学科知识的体系性。也就是说，教材应当是基于科学研究和理论的，切实符合时代需求。教学材料应该涵盖全面，系统地传授学科知识，帮助学生建立完整的学科知识体系。教师应该定期更新、丰富教材，以跟上时代的发展。

在教材和教学方法的选用中，应体现中国特色、中国智慧和当代价值。这意味着教材和教学方法不仅要传授学科知识，还要展示中国的文化、价值观以及中国人民的智慧。教师可以通过引用中国的经典著作、讲述中国的历史故事和优秀传统文化，让学生更加了解和热爱中国。此外，教师还应该帮助学生理解和关注当代社会问题，并引导他们树立正确的价值观念。

教学方法应体现出文化自信的价值，以培养年轻一代的文化和学术自信。教学应充分展示中国文化的多样性和独特性，让学生自豪并深入了解自己的文化身份。教师可以通过讲述中国的优秀传统文化、传统功夫、艺术表演等，加强学生对中国文化的理解和认同。此外，教师还应该鼓励学生积极参与学术研究，培养他们的学术兴趣和能力，以提高他们的学术自信。

教学方法应当将马克思主义中国化的理论与实践相结合，帮助学生理解中国特色社会主义的实质和发展道路。教师可以通过讲解和讨论马克思主义中国化的理论成果，引导学生思考我国历史使命和中国特色社会主义的发展路径。此外，教师还应当介绍和讨论新时代中国的发展成果，如中国的高科技产业、创新能力和绿色发展等，以激发学生对国家发展的热情和自豪感。

第四节　课程思政教学管理机制

一、设立课程思政教学管理机构

（一）课程思政的特征

1. 课程思政教育具有统一性

不论学生的专业、教师的教学科目和学校的类型如何，都应实施思政教育。无论是理工科的学生还是文科的学生，都应该接受思政教育的熏陶。无论是数学老师、语文老师还是体育老师，都应该在自己的教学中融入思政教育的元素。无论是高校、中学还是小学，都应该将思政教育纳入每个学生的教育成长过程中。这样才能确保全体学生都能够接收到思政教育的教导，培养其良好的思想品质和道德素养。

2. 课程思政教育具有多样性

每个学校、学科和课程在实施路径、方法和内容上都应有不同特色。不同学校可以根据自身的文化传统和办学特色，制定适合自己的思政教育方案。不同学科可以根据自身的特点，将思政教育与专业知识相结合，形成有机的教学体系。不同课程可以根据自身的教学目标和学生需求，选择适合的思政教育内容和教学方法。这样可以激发学生的学习兴趣，提高思政教育的实效性和针对性。

3. 课程思政教育具有系统性

应根据学校不同专业和学生类型进行有针对性的教育。对不同专业的学生进行思政教育时，可以结合专业特点，有针对性地培养国家需要的高层次创新人才。

（二）课程思政教学管理机构的主要职责

课程思政教学管理机构的主要职责是统筹协调管理并培训任课教师。

教学管理机构需要负责整体规划和协调课程思政教学工作，并且提供相关培训，以确保任课教师能够有效地开展思政教育工作。这也是为了保证教学的质量和效果。教学管理机构的设置应考虑到管理的针对性和教学的实效性，可设于二级学院或者二级学科以及专业课的教学小组。也就是说教学管理机构的设置应该根据不同学院和学科的特点进行调整，以最大程度地满足管理和教学的需求，提升教学效果。可以根据不同学科的特点和需求，在各个学院或学科设置教学管理机构或教学小组教学管理机构由一线专任教师和课程思政的相关专家共同组成研发小组。他们共同协作，进行课程思政教案的编写和教学资源的开发和提升，同时也将负责指导课堂教学工作。研发小组的主要任务包括编写课程思政教案大纲、挖掘、提炼课程思政资源，指导具体的课堂教学工作，使课程思政教育形成合力，推动课程思政教育的发展。研究小组的主要职能有四个方面。

1. 进行课程思政精品示范课程建设

在管理机构的成立初期，各项工作都有待展开，应将精品课程的示范引领作为具体工作的抓手，逐渐铺开课程思政建设的工作。建设具有示范价值和引领意义的精品示范课程，需要专家和课程团队的联合探讨和集体研发。

首先，需要实现教学大纲的统一编制，确保每个课程都能够准确地表达教育目标和教学内容，使其符合思政教育的核心理念。

其次，教案的统一撰写也至关重要。教案是教学活动的指导，它反映了教学设计、教学过程和评价方法等方面的安排。通过统一撰写教案，可以确保教学的质量和一致性。

再次，整理和提升教学资源也是精品示范课程建设的重要环节。要搜集和整理各类教学资源，包括教材、参考资料、多媒体教具等，以便教师在教学中能够充分利用这些资源，提升教学效果。

最后，要形成具有示范价值和引领意义的精品示范课程，还需运用先进的教学方法和手段，注重课程的创新性和实践性。通过活动、讨论等形式，激发学生的学习兴趣和思考能力，培养他们的创新精神和实践能力。

2. 进行课程思政教育教学改革培训

课程思政教育在各级各类学校的教育中起着至关重要的作用。为了有效地开展课程思政教育，培训是不可或缺的一环。培训对象主要是专业课教师和思政课教师，他们是课程思政教育的主体。

通过一体化的统一培训，可以实现课程思政教育的有效协同开展。在培训中，专业课教师可以结合专业课程进行提升思政教育方面的理解，从而更好地将思政教育融入专业教育中。同样，思政课教师也可以通过培训提升自己的专业知识，更好地理解和应用思政教育的理论和方法。除了专业课教师和思政课教师，辅导员和教育行政领域的教师也需要参与培训。这样的一体化培训可以形成全员育人体系，确保所有相关人员都具备开展课程思政教育所需的专业知识和能力。

培训的内容主要包括教案撰写、教学评比、经验和心得交流等，旨在帮助教师更好地理解课程思政教育的目标和要求，并为其提供实用的方法和技巧。通过这种培训形式，教师可以相互交流经验，分享教学心得，提高自身的教育水平。

3. 组织全体教师开展集体备课、集体试讲以及公开课建设

集体备课是一项重要的教学活动，其中，每位教师的教案编写都至关重要。在备课过程中，要特别关注课程思政的目标与专业课程的目标是否有机结合，以确保学生能够在学习专业知识的同时，培养正确的价值观和思维方式。此外，还需要注意课程思政的关注点与专业课程的知识结构是否有效融合，确保教学内容既能提供专业知识，又能提升学生的思想境界。

教师的教法与学生的学情也是备课过程中需要关注的重点。需要确保教师的教学方法与学生的实际情况协调吻合，以提高教学效果。为达到这个目标，可以通过集体试讲的方式来修改、完善和提升教案，以确保教学活动能够更好地满足学生的学习需求。

此外，集体备课形式还可以加强课程思政素材的开发和教学资源的建设。在备课过程中可以共享教学资源，相互借鉴经验，充分利用各自的优势，进一步丰富教学内容，提高教学质量。通过这种方式，可以保证教育的育人效果，不仅可以让学生掌握专业知识，还能培养其正确的价值观和思维方式。

4. 教学评价与反馈

课程思政教育是培养学生全面发展的重要途径之一，但在其实施的过程中，会面临多种困难和问题。

首先，教师和学生的特点以及专业要求的不同会导致实施过程中产生差异性。不同的教师会有不同的教学风格和方法，而学生的接受能力和学习态度也存在差异，这给课程思政教育的实施带来了挑战。

其次，反馈评价对于课程思政教育的实施至关重要。在实施过程中，及时获取学生的反馈和评价是教师优化教学的重要途径。通过了解学生的学习情况和困惑，教师可以及时调整教学内容和方法，以提升教育效果。同时，学生的评价也可以促使教师不断改进自己的教学方式，使教育更加贴近学生的需求。

最后，在进行反馈评价时，评价过程、对象和方法应建立在科学有序的基础上。评价过程应该经过合理规划，包括明确评价目标、确定评价内容和制定评价标准。评价对象可以从多个角度进行，既可以从学生的学习情况、思想表达能力等方面评价，也可以从教师的教学设计和教学方法进行评价。评价方法应选择合适的方式，如，问卷调查、个案分析等，以收集全面准确的数据。

二、优化人才培养方案

（一）在人才培养方案方面，应该分而论之

人才培养是一个长期而复杂的过程，通常可以分为基础教育阶段、高等教育阶段和职业教育阶段。在基础教育阶段，在课程中加入思想政治教育相关的内容，不仅可以让学生更好地获取知识，还能在学习过程中形成正确的价值观和良好的道德品质，促进其全面发展。

在高等教育和职业教育阶段，人才培养方案和课程思政教育内容会根据不同学校和专业进行调整和优化。因为不同学校和专业对于人才培养的需求和目标会有所不同，所以，需要根据实际情况进行个性化的调整。然而，无论是高等教育还是职业教育阶段，立德树人的工作和课程思政教育

都需要有更加严格的标准。此外，为了更好地满足高等教育和职业教育阶段的需求，需要不断优化人才培养方案。也就是要根据社会发展需求和趋势来调整、更新培养方案，以使其与时俱进。只有通过不断优化人才培养方案，才能够培养出更加适应社会发展的人才。

（二）在教学计划方面，应有效加入课程思政元素

教学计划是教学工作中的基础性文件，涵盖了多个方面的内容。首先，教学计划包括教学目标，即教师想要通过教学活动使学生获得的知识、技能和能力。此外，教学计划还涉及教材的选择、教师的教学方法以及学生的学习方法。

不同学科和专业课有不同的教学目标。这是因为不同学科和课程有着各自独特的特点和要求。比如，数学课程的目标是培养学生的逻辑思维能力和解决问题的能力，而音乐课程的目标是培养学生的音乐欣赏能力和表达能力。同时，具体的课程和课堂也有自己的目标，这些目标与教学目标一致或者相辅相成。

教学计划是根据教育总目标和分目标来制定的。教育总目标是国家、地区或学校对教育的总体要求，而分目标则是在此基础上进一步细化出来的具体要求。教学计划要体现教育总目标中的立德树人的根本要求，即要培养学生全面发展的素质和道德价值观。教学计划规范了教学内容、方式、步骤、方法和结构。具体来说，教学计划确定了教师将要讲授的知识点和课程内容，以及教学的顺序和组织方式。此外，教学计划还要求教师采用有效的教学方法和教学步骤，以便更好地达到教学目标。立德树人的教育目标、课程思政的教学目标需要逐步融入各个学科课程教学计划之中，这意味着教学计划不仅要注重学科知识的传授，还要关注学生的思想政治教育。使学生在学习的过程中不仅获得知识和技能，还能够培养正确的价值观和思想。

教学计划在教育体系中具有重要的地位和作用。为了更好地培养学生的综合素质和实现立德树人的目标，教学计划需要关注以下几个关键点。

首先，课程体系设置中应加入课程思政的元素。随着社会的发展和进

步，培养学生正确的世界观、人生观和价值观变得尤为重要。因此，在课程体系设置中，应注重将思政教育融入其中，使学生在专业知识的学习过程中也能接触到思想政治方面的内容，促进学生全面发展。

其次，学科的专业知识和体系结构需要进行改进，但仍需尊重科学规律。教学计划的设计应根据学科发展的需求和新的教育理念，对专业知识进行适度的调整和更新。但在变革过程中，仍需尊重科学规律，确保教学计划的合理性和科学性。

再次，教学计划的目标是提升学生的综合素质，实现立德树人的任务。培养学生的学术能力和专业技能固然重要，但更重要的是培养学生的思想品德和社会责任感。因此，在制定教学计划时，应明确目标，注重全面发展，使学生能够成为具有良好品质和素质的社会成员。

然后，根据学科和专业特色，应融入不同的课程思政教育内容。不同学科或专业有着各自的特点和发展方向，因此在教学计划中应结合具体情况，将相应的课程思政教育内容融入其中。这样可以使学生更好地理解和应用思政教育的理念，并在专业学习中培养出思辨能力和社会责任感。

此外，还要避免生硬结合导致培养过程不适应和不习惯。虽然加入课程思政是教学计划的重要组成部分，但也不能过分强调，以免使学生感到拘束和压力过大。教学计划需要合理安排课程的结构，使课程思政教育与专业知识的学习有机结合，使学生在学习过程中能够感受到思政教育的价值。

梳理和融入不同的课程思政要素是当前主要而紧迫的教学任务。教学计划的改变，需要教师仔细研究各学科和专业的特点，了解立德树人的要求，梳理并融入适合的课程思政元素。这是需要认真思考和实践的过程，也是教学计划变革的关键和重点。

（三）在课程标准方面，应设置相应分级课程目标

首先，需要制定明确的课程思政教育实施方案，包括专业培养方案、课程群以及具体课程的课程思政培养标准。这些标准和目标要实现分级别设置，以确保课程设计的层次感和针对性。在每个标准和目标下，都要达

到培养学生综合素质的目的。

其次，要通过优化人才培养方案、教学计划和课程标准来全面实施课程思政教育。通过对人才培养方案的调整和优化，将思政教育融入学生的专业发展路径中。同时，在教学计划中增加思政教育的时间和内容，确保学生在课堂上接收到相关的思想教育。此外，课程标准的更新和完善也是确保课程思政教育有效实施的重要环节。

最后，实施课程思政教育需要专业教师、思政课教师等各方，全员、全过程参与。专业课教师要充分理解课程思政教育的重要性，主动将相关的价值观渗透到专业教学中。思政课教师则要主动与专业课教师进行沟通与协作，为他们提供相关的指导和帮助。只有所有教师共同努力，才能确保课程思政教育的有效实施和学生思想素质的全面提升。

三、搭建课程思政育人载体

（一）传统课堂的建设

传统课堂是人类文明知识传承与创造的主要载体之一。教师在传统课堂中扮演着重要的角色，世界各国普遍采纳单一教师对多位学生的统一、高效授课方式。传统课堂的特点是其系统性和连贯性，它能够帮助专业课教师和思政课教师整合理论知识体系，并对学生产生积极的、正面的导向作用。

传统课堂不仅是知识传授的场所，也是学生与教师互动的平台。在传统课堂中，教师能够系统地向学生传授学科知识，并引导学生思考、提问、讨论。传统课堂的优势在于其集中、有序的教学方式，有助于提高学生的学习效率和理解能力。同时，传统课堂还能够培养学生的合作精神和团队意识，通过小组讨论和合作项目，培养学生的合作能力和沟通技巧。

传统课堂在课程思政教育中将发挥主渠道和主要抓手的作用。课程思政教育是培养学生成为德智体美劳全面发展的社会主义建设者和接班人的重要途径，而传统课堂则是思政教育的核心场所。在传统课堂中，思政课教师能够将马克思主义理论与具体的社会实践相结合，向学生介绍国家的方针政策，引导学生思考人生价值观、社会责任感和国家认同感等重要问题。

然而，随着科技的迅速发展，网络教育和远程教育等新兴教育模式崛起，传统课堂面临着新的挑战和变革。现代技术的广泛应用使得学生可以在线学习和参与互动，传统课堂的教学模式需要不断创新和改进。因此，教师需要积极探索和应用新的教学方法和教学工具，以适应信息时代教育的需求。

（二）实习实践场所的建设

传统课程已经无法满足新时代学生的学习需求，为改变这种局面，一些学校开始探索走向社会生活实践的教育场所，以增加教育的趣味性，促使学生更积极地接受课程思政教育。

在我国，课外教育教学资源非常丰富。其中，爱国主义教育基地和青少年教育基地成了优质的育人场所。这些场所提供了实践与学习相结合的教育环境，使学生能够在真实情境中感受和学习到更多的知识和价值观。通过参观这些基地，学生可以更加直观地理解国家、社会和人民的发展历程，培养出更加深厚的爱国情感和社会责任感。

此外，在不同专业实习实践的场所中，也有尚待发掘的课程思政教育元素，在各个专业的实习实训基地开展课程思政教育，将极大地提升学生的接受度和实效性。例如，医学院的实习医院可以结合医学伦理和医疗改革的话题进行讨论和研究，法学院的实习法院可以引导学生思考法律正义和社会公平等问题。这样，学生在实践中能够更加深入地了解和思考自己的专业知识与社会现实的联系，不仅能够提高专业素养，而且还能够培养其积极向上的人生态度和价值观。

（三）校园文化环境建设和理论学习平台建设

环境育人在教育中具有重要的影响价值和作用。为了加强校园文化环境的建设，学校应该积极搭建理论学习平台，为学生营造一个良好的课程思政教育氛围。在校园文化走廊中，可以设计制作一些体现时代性和特色性的课程思政教育内容。这些内容可以涵盖一些重要的国家政策、时事热点以及社会主义核心价值观等。这样的设计能够让学生在走廊里闲逛时接触到丰富的知识，同时增强他们的思政意识。

此外，为了将专业知识与课程思政内容有机结合起来，学校可以制作一些宣传板，将其放置在校园的文化环境中。这些宣传板可以展示一些与专业知识相关的内容，并将其与课程思政的核心思想相结合。这样做有助于学生更好地理解和应用专业知识，并培养他们对社会发展和个人价值观的关注。除了宣传板，学校也可以制作一些宣传标识，并将其放置在校园的各个角落。这些宣传标识可以包括一些与语言文化和传统文化相关的内容。通过接触和了解这些内容，学生可以更好地体验到自己的文化传统，并培养对传统文化的热爱和保护意识。为了更好地传递课程思政教育，学校还可以开发建设课程思政教育 APP。通过该 APP，学生可以随时随地获取到相关的教育内容，深化对课程思政的理解。这样的移动学习工具有助于在不同的场景下对学生进行思政教育，提高教育的灵活性和有效性。

（四）网络教育平台建设

信息技术革命的到来对学生的生活和学习产生了深刻的影响，社交媒体的快速发展使得学生可以接触到更多的信息，但这种接触往往是碎片化的，难以进行系统性的学习和理解。面对这一现象，可以在网络中搭建一个平台，运用一些年轻人喜闻乐见的形式来传达课程中的思政教育内容。这样一来，不仅可以吸引学生们的注意力，还能够更好地教育他们如何正确地处理和评估信息。

在这个平台上，可以利用一些热点事件和高关注度的话题，来引导和影响青少年的思政教育。通过这种方式，可以将课程内容与学生们当前关心的事物相结合，增加他们的参与度和学习动力。例如，可以通过对一些重大事件的深入分析，引导学生思考其对社会的影响、对人类价值观的冲击以及对个人行为的反思。这样做不仅能够增强学生们对信息的理解和分析能力，还能够培养他们的思辨能力和价值观。另外，还可以通过让学生们参与到一些社交媒体话题讨论中，引导他们积极参与社会议题的思考和讨论。通过网络平台的互动，可以促进学生之间的交流和思想碰撞，从而进一步加深他们对思政教育内容的理解和接受。

在传播思政教育内容的过程中，需要注意避免简单的灌输和强制性的教育，而应更注重启发学生的思考和激发他们的兴趣。只有这样，才能更好地适应信息技术革命的发展，为学生提供更有价值的教育资源。

第五章

高校课程思政实施策略

第一节　强化课程思政认识

一、增强教师育人意识，树立正确的课程观

（一）树立“求知”与“立德”并重的课程目的观

在当前的课程思政实践中，要确保课程思政的有效实施，教师首先要树立“求知”与“立德”相统一的课程目的观。在新时代背景下，教师在实施课堂思政教育时要深入把握国家和时代的要求，理解课程思政的时代内涵，转变传统教育模式，让教学的“教育性”价值得到充分发挥。同时，教师还需要准确把握不同学科教学和思政教育的关系，找到二者的有机结合点，使之相互促进、相互渗透。

为了推进课程思政的实践，教师必须坚持“求知”与

“立德”并重的课程目的观，这意味着教师要在传授学科知识的同时，注重培养学生的道德品质和价值观。只有这样，才能真正实现立德树人的根本任务。因此，教师应当努力推进课程思政实践，将思政教育融入学科教学之中，使其成为每门学科课程中不可或缺的一部分。

（二）坚持建构主义的课程本质观

建构主义的课程本质观强调了课程的四个关键点：生成性、非终极性、非预设性和个体性。首先，建构主义认为课程是在教育情境中不断发展和变动的，它是通过解决不同问题而生成的。这意味着课程的形成不是固定不变的，而是根据学生的需求和教学过程中的变化而不断调整和发展。其次，建构主义认为课程目标是可以随着学生的发展需求而调整和重新构建的。课程目标并不是一个最终的目标，而是需要根据学生的实际需求进行持续的调整和重建。再次，建构主义强调课程内容不应事先预设，而应根据学生的实际需求和教学情境的变化来确定。这样可以促进学生的主动参与和自主学习，使学习更加有意义和个性化。最后，建构主义认为课程实施需要考虑每个学生的个体发展需求，注重个体差异和多样性，提供个性化的教学方法和支持。所以，在实施学科课程时，应根据教师与学生的需求随时调整和构建思政教育的任务、目标、过程，以更好地提高学生的学习效果和发展水平。

1. 要坚持课程目标的“非终极性”原则

构建主义的课程本质观指出，学生获取知识的方式是在一定情境中，通过教师和学习伙伴的协助，运用必要的学习资料进行意义建构而得到的。因此，在设定学科课程的思想政治教育目标时，要针对学生在各种具体教育情境中的表现进行设定，对着学科课程的逐步推进，持续生成课程思政目标。

2. 要确立课程内容的“非预设性”原则

课程思政的内容应该是开放的、可扩展的。也就是说课程思政内容应该根据学科知识、学习进度、学生身心发展规律和思想发展现状进行相应的调整，并且要将课程思政内容放到具体的学科知识背景、问题情境中，注意引导他们体验解决问题时的真实感受。

3. 要坚持课程实施的“个体性”原则

即在实施思政教育时，要突出过程，关注具体情境中学生的主体性和个性化表现，考虑学生的思想状况和经验、兴趣，根据学生的身心发展阶段让其发挥积极性和主动性，实施相应的课程，切实提高课程思政的效果。如，在语文课程中，可以通过鼓励学生进行文学创作或进行社会调查，让学生表达自己的观点和情感，从而促进他们的思想成长和个性发展。

（三）明确全时空的课程过程观

随着教育的不断发展，后现代主义课程观逐渐取代了传统教育观念。后现代主义课程观认为课程是一个开放、动态的过程。这意味着课程应该适应社会的发展和变化，引导学生适应不确定性和不断变化的环境。在这一背景下，课程思政理念的提出变得至关重要。

课程思政强调了全过程、全周期的育人效果。也就是说课程思政要贯穿于整个课程教育过程中，以实现无时不有、无处不在的教育效果。教师在实施课程思政时需要明确两个关键点。首先，课程思政要贯穿于课程的全过程，不仅要有意识地将思想价值引领融入教育教学过程中，还要通过教育内容和教育方式的设计，提升学生的思想道德品质。其次，课程思政要覆盖学科课程的各个方面，包括校内外、线上线下的教育活动。教育活动应贴近学生实际，与他们的兴趣和需求相契合，从而使课程思政能够真正渗透到生活和学习当中。

当然，课程思政并不仅仅是简单地增设几门课程或几项活动，而是通过整个课程的运作来实现的。课程思政要求教育工作者以系统化的思维方式来进行课程设计和实施，以确保它的无遗漏性。此外，课程思政也不是单一学科教师的责任，而是需要全体教育工作者的共同参与。学校所有教育工作者都要共同努力，积极参与到课程思政的实践中，以形成育人效果的无缝衔接。

后现代主义课程观认为，课程不是线性的，而是开放和变动的。它强调课程与外部的联系，以及内容的互动、交流和转换。在这种观点下，课程被视为一个非固定不变的过程。课程思政是在践行全过程、全周期的课程过程观，其目标是培养学生。它要贯穿课程的整个过程，包括设计、开发、实施和评价等方面。因此应将思想和价值观融入教学过程，课程思政可以深度融合专业知识和思政元素。

课程思政需要渗透到学科课程的所有环节，包括课中课外、线上线下、校内校外。也就是说，无论是在教室中，还是在其他场景中，课程思政都应得到关注和实践。为实现无时不有、无处不在的育人效果，课程思政需要全体教育工作者的共同参与。只有所有人齐心合力，才能确保课程思政教育没有空当、没有死角、没有遗漏。

二、增强学生主体意识，提升课程思政能动性

（一）增强学生课程思政的参与积极性

在当前教育体系中，课程思政已经成为培养学生综合素养的重要途径。而要让思政教育真正发挥作用，需要学生积极参与课程思政的各个环节和活动，以吸纳、内化教育内容，将其转化为自身的情感态度和价值观。

首先，要促进学生积极参与思政课程安排的各种活动。这包括课堂讨论、小组交流、研讨会、实践项目等等。通过参与这些活动，学生之间可以交流彼此的感受和观点，收获不同的观点，学习不同的思维方式。这有助于他们了解社会问题和发展趋势，培养批判性思维和解决问题的能力。

其次，教师在教学中应注重彰显生命关怀和人文关切。应尊重学生个体差异，了解学生的需求和兴趣，根据不同学生的特点进行有针对性的教学。教师可以通过与学生建立良好的互动关系，倾听他们的心声，了解他们的困惑和迷茫，给予他们关怀和指导。这样的关怀会使学生更加积极地投入课程思政中。

再次，教师应把握学生的思想实际，引导他们关注当前的社会问题。教师可以通过提出具体问题或引用实际案例，激发学生的思考和讨论。在

引导学生关注问题的同时，教师可以为他们提供指导，帮助他们理解问题产生的深层原因，找到解决办法。这样的引导有助于学生更好地理解和把握思政教育内容。

此外，建立包容、平等的师生关系也是促进学生积极参与课程思政的关键。教师可以采取开放式的教学方式，鼓励学生发表意见和思考问题。同时，教师还可以倡导师生共同参与思政活动，共同探索问题的答案，构建师生共同体。这样的师生关系能够满足学生当前和未来的需求，培养他们的自主学习和创新思维能力。

最后，将学生的积极性贯穿于课程思政的各个层面，是实现多层次教学目标的关键。从课程思政的修订开始，教师就应充分考虑学生的需求和兴趣，制定具有吸引力的教学内容和方法。在教学过程设计中，教师要注重激发学生的主动性和参与性，使他们能够积极思考、勇于表达。在课堂构建中，教师要提供多样化的学习环境，鼓励学生合作、交流，培养团队合作与沟通能力。这将有助于激发学生的学习热情，使他们更好地参与到思政教育中。

（二）强化学生课程思政的学习主体性

随着学生的认知方式和思想观念的变化，课程思政的教学也面临着新的挑战和机遇。教师需要充分发挥自己的主导作用，同时尊重学生的主体地位，实现教学的平衡与和谐。为了达到这个目标，教师和学生要努力形成学生主体、教师主导的课程思政的教学合力。教师要引导学生思考，激发他们的学习兴趣和创新能力。同时，还要关注学生的个性和需求，因材施教，给予他们充分的发展空间。通过互动式教学和实践活动，推动学生更好地参与到课程思政教学中，提升自己的专业能力和综合素质。

（三）提升学生课程思政的内化能动性

思政教育的目的是让学生能够内化理想信念和精神，并将其融入日常生活中，从而实现培养育人的效果。为了达到这个目的，教师需要提升学生对课程思政的内化能动性，激发学生的学习动机和学习意愿，提升学生的主动认知和主体认同。学习动机是影响学生参与课程思政的重要因素，而外在动机是短期的，只有激发学生内在动机才能让他们对课程思政产生兴趣并积极参与其中。

教师可以通过考察学生对课程思政教学目标的认可程度，记录学生在课程中的参与情况、行为表现以及情感、态度和价值观的变化，来了解学生的学习情况和成长过程，以便及时调整教学策略，提高教育效果。最后让学生能在日常学习和生活中践行社会主义核心价值观，形成良好的道德规范，提升其综合素养。

三、营造环境育人氛围，建设课程思政教育生态

（一）美化校园物质文化，实现环境育人

校园物质文化环境是学校为满足学生的生存、发展需要而建设的基本文化要素之一。它既包括了基本公共服务设施的建设，也包含了精神载体的建设。具体而言，校园物质文化环境的构成包括规模、设备、布局、教学物质文化环境、生活物质文化环境以及媒体物质文化环境等方面。

校园物质文化环境的建设不仅能够丰富教学方式和手段，还可以为学生创造良好的学习环境。例如，学校可以配备先进的教学设备和技术，为教师提供更多的教学资源，提升教学效果。同时，还可以提供丰富多样的图书馆、实验室、体育设施等，以满足学生的学术需求和个人发展需求。在这样的环境下，学生的精神将得到提升，观念也会得到更新，从而能更好地适应社会的发展和变化。

此外，良好的校园物质文化环境具有强大的教育功能。它能够促进学生思想品德和政治素质的生成、发展。例如，校园内的纪念碑、雕塑可以激发学生的爱国情感和民族自豪感；校园广播、校园电视等媒体物质文化环境里的内容可以传递正能量，提升学生的道德素养等。因此，学校应注重美化校园物质文化环境，努力营造良好的思政环境，让思政资源可见、可触、可听。

（二）优化师生行为文化，实现隐性育人

隐性教育在学生思想政治素质生成与发展中起着至关重要的作用。隐性教育指的是以学校行为文化为主要途径进行教育的一种潜移默化的方式。在行为层面上，隐性教育通过教育工作者的言谈举止、人际交往和行为习惯等方式对学生产生影响。要实现良好的校园行为文化以隐性育人，有几个关键点需要注意。

首先，建立严谨的校园制度文化。制定切实可行的制度可以对校园行为进行规范和制约，从而为学生提供明确的行为准则。这样的制度文化可以帮助学生树立正确的行为观念和价值取向。

其次，构建师生行为的榜样示范机制。教育工作者作为学生的榜样，他们的言行举止直接影响着学生的思想和行为。因此，教育工作者具备良好的教育行为，与学生进行积极的互动和交流，对于学生的习惯养成和思想价值观的形成都起到重要的示范作用。

最后，构建和谐的师生关系也是实现良好的校园行为文化的必要条件。和谐的师生关系不仅能够创造良好的工作环境，还能够建立良好的人际关系氛围。师生之间的互信和尊重可以促进学生的积极参与和发展，使学生能够更好地接受隐性教育的影响。

（三）厚植校园精神文化，实现精神育人

精神文化环境是思想政治教育文化环境的核心部分。这种环境是通过网络、物质和制度文化环境内化而来，它对于学生起到了价值导向的作用。精神文化是校园文化的灵魂，它体现在多个方面。一方面，它在校园文化氛围的形成中起到了关键作用。积极向上、有益于学生成长的精神文化可以促进学生形成良好的学习氛围。另一方面，精神文化可以体现在学校的历史传统传承中。通过传承和继承学校的历史，学生可以更好地了解学校的文化背景，并对它们产生共鸣。此外，精神文化还反映在校风学风教风的建设上。注重纪律、崇尚学术的精神文化可以帮助学生形成正确的学习态度和行为规范。社团文化建设和和谐师生关系的形成也是精神文化

的表现。

学校良好的精神文化环境是至关重要的，它有助于提升整个校园的氛围。积极向上、充满正能量的精神文化可以激励和影响学生。他们会受到这种环境的鼓舞，积极参与到校园生活和学习中。同时，这样的精神文化环境还可以净化学校的风气，排除各种消极和不良影响。精神文化建设是学校的一项重要任务，它承载着学校的思想文化和情感风貌。积极向上的精神文化环境可以对学生产生积极的激励作用，成为他们规范行为的精神动力。通过精心的精神文化建设，学校可以培养学生们正确的价值观和行为准则，促使他们成为有社会责任感和创新意识的公民。

在形成校园良好精神文化环境的过程中，依托校园物质环境建设是很重要的一环。改造升级教室文化、创建宿舍文化、修建图书馆等都是重要的实施途径，这样能够为学生提供更全面、科学的学术文化资源和人文精神培养的场所和资源。同时，整顿校风也至关重要，它能帮助校园形成积极向上的氛围。教师应不断提高自身的业务能力，而学生则应努力提升自主学习能力、学术水平以及道德情操的培养。此外，还可以借助新媒体来提升师生的精神修养。通过利用网络、手机、电子显示屏等新媒体，可以开展丰富多样的文化活动，创新课程教学方式。也可以利用微博、论坛、贴吧等平台来宣传社会主义核心价值观，进行思想教育。加强与学生之间的沟通互动，也能增强校园思想政治教育文化环境的影响力、凝聚力和感染力。

第二节　摸索课程思政规律

一、做学科教研，摸索教书育人规律

（一）开展研讨活动，厘清智育与德育的关系

1. 智育与德育并举

智育与德育是紧密关联的概念，不能将二者割裂开来。在教学中，除

了注重学生的智力发展外，也应关注他们的道德发展。德育对于所有学生来说都是不可忽视的，它是学生健康成长的重要前提条件。如果只是关注学生的智育，而忽视道德素养的培养，学生可能会缺乏对自己的行为后果进行思考的能力。这不仅会在学校内产生不良影响，还有可能导致学生在未来面临问题时无法自我反省，从而产生心理与思想问题。

为避免这种情况的发展，就需要兼顾智育和德育。教师应在教授专业知识的同时，培养学生的正确价值观、社会责任感，教导学生识别现实与理想之间的差距，帮助学生更好地应对挑战。

2. 明确德育与智育相辅相成的关系

德育与智育之间的关系和作用在教育领域中一直备受关注。德育在这种关系中担任着主导作用，它引导着智育的价值取向，制约着个人的社会价值高低，并主导着智育的潜力和方向。德育的重要性在于其能够培养良好的价值观和道德品质，为智育的发展提供有力的支持。

智育则寓于德育之中，它为德育提供了条件和基础。智育是德育实践的重要渠道和手段。通过智育的过程，个体能够获得知识和技能，这些知识和技能在实践中也承载着德育的功能。例如，通过学习和掌握科学知识，个体能够加深对科学道德的认识和理解，培养尊重科学、崇尚真理的品质。因此，智育能够成为德育的重要实现途径。

德育与智育的融合是不可分割的。它们相互依存、渗透、融合和促进。智育中包含着道德精神和思想，并蕴含着德育的因素和力量。教师在教学过程中需要挖掘智育中的德育因素，释放出智育中德育的能量，实现教书育人的目标。通过关注学生的道德发展，教师可以引导学生在智育中培养正确的价值观和道德品质。例如，在科学实验中，教师可以引导学生牢固树立诚信和负责任的意识，遵守实验守则，为科学道德的培养提供实践平台。这种融合能够使学生全面发展，成为有道德修养的智慧人才。

（二）举办专题研修，探讨显性与隐性教育的结合规律

在教书育人的过程中，教育工作者要坚持显性教育与隐性教育相结合。要想探索显性教育和隐性教育的理论规律、实践原则，就需要开展各

种专题研修活动。这样能更好地聚焦课程思政的建设和教学，落实“学为先、研为基、领为本”的总原则。

为丰富教师的专业知识，可以通常邀请专家开展学科讲座，深入探讨显性教育的规律。同时，通过这些讲座和研修活动，可以加强对马克思主义基本理论观点、立场的学习，提高其政治素养。

要探索隐性教育的特点，可以通过开展案例分析和团队交流活动，进一步了解隐性教育，提升专业素养。一般来说，隐性教育的难度要比理论授课的难度更大，需要教师通过各种活动，提高思政教育的方法和魅力，挖掘课程中的思政教育元素，来帮助学生树立正确的世界观、人生观和价值观，帮助学生塑造积极向上的人生态度，培养良好的行为习惯，并促进他们全面发展。

（三）依托教学研讨，探究讲授与启发教学的运用规律

启发式教学是一种新颖的教学方式，它强调教师根据学生的年龄和知识水平来确定教学内容和教学方法。与传统的教学方式相比，启发式教学更注重学生的心理需求与变化。要实施启发式教学，就需要教师改变传统教学方式，通过良好的师生互动、营造良好的课堂氛围，激发学生的学习兴趣和探索欲望。同时，教师可以通过教学研讨，学习新教学方法和课堂教学模式。运用不同的教学方法，教师可以调动学生的学习兴趣，引导其积极分析与思考。

在课堂教学中，教师需要明确讲授和启发的关系，提升综合使用多种教学方法的能力。通过讲授法与启发法的综合运用，促进学生自主探究能力的提升。

二、加强综合教研，掌握思政教育规律

（一）学科间组合教研，探寻思政教育与学科教育的统一

首先，知识是思想品德形成的前提。学生的思想品德提高是积极学习知识的基础。因此，在学科教育中，教师不仅要注重知识点的传授，还要

注重培养学生的思想品质和道德观念，使学生在知识的积累过程中形成正确的价值观。

其次，学科教学是思政教育的基本途径。学科课程的目的应与整个道德教育的最高目的保持一致。在学科课程中，教师可以通过案例分析、讨论等方式，引导学生思考和探究道德和价值观，并将之融入具体的学科知识和技能中。

再次，遵循科学性和思想性统一的教学原则，需要教师进行科研协同和教师间的经验交流、智慧碰撞。学科课程与思政课程教师可以开展联合备课、课程思政教学大赛等活动，以共同研究探讨如何将思政教育融入学科教育中，提高教学质量。

最后，学科课程和思政课程的教师还应联合申报校内课程思政专项课题，以进一步促进思政教育与学科教育的有机统一。通过申报课题，教师可以共同研究如何在学科教育中更好地培养学生的思想道德，并为教学改革提供可行的解决方案。

值得一提的是，当前，我国已经有部分学校在学科教育和思政教育的融合方面取得了一定的成绩。这些学校通过开设专门的课程、组织相关的教学活动，有效地将思政理论与学科知识相结合，为学生提供了一个全面发展的教育环境。

（二）线上线下联动教研，探索教育主场与网络阵地的融合

在当前信息技术高速发展的背景下，学校需要加强网络宣传阵地建设，以治理网络空间，确保信息可管可控。随着互联网的普及和大数据时代的到来，网络空间成为人们信息获取和交流的重要场所。但是，网络中也存在着大量的虚假信息和不良内容，影响着学生的思想价值观。因此，学校应加强网络宣传阵地的建设，通过引导学生正确使用网络，培养他们的网络素养。

利用网络拓展学校思想政治教育场景，将线上空间划入思政教育的网络阵地，为线下教育主场提供网络支持也是非常重要的。网络已经成为学生获取信息的主要途径，通过在网络上开展思政教育活动，可以更好地抓

住学生的注意力，使他们主动参与到思政教育中。而且，网络还可以提供跨时空的学习环境，学生可以根据自己的时间安排进行学习，增强学习的灵活性和自主性。因此，学校应该把网络作为思政教育的重要场所，为线下思政教育提供网络支持。

教师需要不断改进思政教育的教学方法，将新科技与思想政治教育融合，使学习更轻松、智能、高效。在现代科技的支持下，教师可以利用多媒体、虚拟现实、人工智能等新科技手段来进行思政教育教学。例如，教师可以通过网络直播或录制视频来进行思政课的教学，让学生可以随时随地进行学习。同时，教师还可以利用互动教学软件和平台，通过游戏化等方式增加学生的参与度，提高思政教育的效果。这样不仅可以让学习变得更有趣，也能够更好地培养学生的思维能力和创新能力。

学校应在举办线下教研活动的同时，适时地开展线上教研，通过网络活动实现跨地域、跨空间的同步教研。在传统的教研活动中，教师通常需要在同一个地点齐聚，以进行交流和研讨。借助网络，教师可以通过视频会议、在线研讨等方式进行教研活动，不受地域和空间限制，提高了教研效率。这样，教师就可以更好地互相学习和交流经验，提升自己的教学水平。

最后，学校需要促进课堂主场与网络阵地的联动与融合，实现网络思想政治教育与现实思想政治教育的有机结合。在课堂教学中，教师可以利用网络资源，引导学生进行在线讨论和分享，拓宽他们的思维视野和知识面。同时，学校还可以开设线上思政教育课程或线上思政教育社区，让学生可以自由参与和交流。通过课堂和网络的有机结合，可以使学生在不同的教育场景中都能够获得思政教育的启示和指导，增强他们的思想意识和道德素养。

（三）校内外协同教研，探讨学校、家庭、社会教育的结合

思想政治教育是培养学生道德品质的重要途径，它需要将学校、家庭和社会的教育因素有机结合起来。在思想政治教育中，学校扮演着主要渠道的角色，教师应充分发挥其教书育人的作用，通过教学来培养学生的道

德观念和价值观。但学生的家庭教育存在着不确定性，这对学校的教育工作来说，具有一定的挑战性。因此，学校在进行思想政治教育时，要了解学生的家庭背景，并帮助他们解决问题，使他们能够从家庭中获得积极的影响。社会环境为学生提供了教育资源和活动场所，社会中也有些因素会对学生的成长产生影响。在这种情况下，学校应积极利用社会环境中的积极因素，教育学生正确面对各种挑战和诱惑。

学校应当呼吁全社会支持和关心学生的思想政治教育，同时邀请家长和社会人士参与到学校的活动中，引导学生在社会环境中培养独立思考和判断的能力。学校应开展校内外的协同教研，建立多维互联平台，组成教研共同体，以改变目前教育工作不到位的现象。学校、家庭和社会应共同商讨，建立起三位一体的“大思政”育人格局，共同为学生的道德品质提升提供更好的教育环境和支持。只有通过各方的共同努力，才能让学生得到全面的思想政治教育，实现更好的成长和发展。

三、优化校本教研，把脉学生成长规律

（一）结合学生时代性需求，建设教学工作坊

教学工作坊是一种教育教学形式，其开展方式通常由一位主讲教师介绍教学理念和目标，通过课程示范和参与体验教学的方式，让在场的教师能够理解和验证这些教学理念。这种教学工作坊集教学、研究和实践于一体，因此为各个学科领域的教师广泛接受和应用。

教学工作坊具有很多优势。首先，它为教师提供了一个共同探讨课程思政教育教学规律的平台。不同学校、学科和领域的教师能够聚集在一起，分享彼此的教学经验，探讨有效的教学方法，共同提高教学质量。这种合作和分享的氛围可以促进教师之间的互相学习和成长。其次，教学工作坊对于学校来说，可以成为建立校本特色和品牌知名度的重要途径。通过创建属于学校独有的教学工作坊，学校可以凸显出自己在课程思政教育方面的独特优势。这不仅有助于提升学校在教育界的声誉，也能够吸引更多优秀的教师前来就职，进一步提高教学水平。最后，教学工作坊可以激

发教师的创新思维。通过参与教学工作坊，教师能够接触到不同的教学理念和方法，开拓自己的教学思路，激发创新的灵感。这对于提高教师的专业发展和教学能力有着积极的影响。

当开设课程思政教学工作坊时，学生的精神需求和解决现实问题是需要关注的重点。马克思主义认为人的本质是一切社会关系的总和，人只能通过现实中的个体存在来实现自我的价值①。因此，作为独立的个体，学生需要教师的关心与引导，帮助他们建立健全的知识体系，塑造正确的价值观念。在课程思政教学工作坊中，一个关键的任务是教育学生将个人需求与社会需求相融合。学生不仅需要关注个人的发展，更应该为国家和民族事业做出贡献。因此，教师应该充分关注学生的现实需求，帮助他们解决实际问题，实现个人需求与社会需求的统一。

当代学生思想活跃，对社会热点问题关注度高，要理解他们的思维特点和利益关切，才能确保解决问题的针对性和实效性。在教学工作坊中，教师应该关注学生的思维特点，关注他们对社会热点问题的关注度，从而更好地解决他们的问题。只有确定学生的需求并提供具体的解决方案，才能在课程思政教学中取得实效。

（二）观照学生个性化特点，建设名师工作室

名师工作室是一种由政府教育主管部门和学校组织指导，主要以学习、研究和工作为主导，通过课题研究、学术研讨、理论学习等形式，对内凝聚、带动，向外辐射、示范，引领教学改革的教师合作共同体。在课程思政方面，名师工作室能够助推课程思政的专业化、团队化发展，提高教科研活动的质量，示范引领高水平的课程思政教学发展。

在建设名师工作室时，要充分考虑学生的个性化特点，发挥学生的主动性，满足学生的主体需求。根据不同需求，可以培养他们的崇高理想信念，引领他们为实现共产主义远大理想和中国特色社会主义共同理想而奋斗，也可以帮助他们树立崇高理想信念，同时考虑他们的实际思想接受

---

① 尹庆双，肖磊，杨锦英．人的全面发展：时代特质、内涵延展与理论意义［J］．北京：政治经济学评论，2023，14（06）：102—126.

度，引导他们将个人理想与社会理想结合起来。

为了加强理想信念教育，建设名师工作室可以邀请英雄模范进校园，通过讲述他们的亲身经历，传递理想信念教育内容。同时，还可以优化校园文化环境，塑造新时代中国特色的校园文化氛围。这样可以为学生提供更好的学习和成长环境，进而培养出更多有理想信念、有社会责任感的优秀人才。

（三）联结学生的社会性需求，打造品牌实践活动

学生的成长与发展是一个复杂的过程，而实践是学生学习最根本、最有效的方式。同时，学生的理想信念、价值观塑造和心理情感都受到了现实社会环境的影响。为了将课程思政教育与学生社会实践活动有机结合起来，提高教育的效果，学校和教师需要采取一系列措施。

课程思政教育需要与学生社会实践活动结合，将所提倡的价值观与学生的日常生活联系起来。通过实践活动，学生能够亲身体验到所学理论知识在现实生活中的意义和作用，从而更好地理解和内化这些价值观。

学校在开展课程思政教育时，要联结学生的社会性需求，打造学校自身的品牌实践活动。根据学生的兴趣和特长，开设一系列实践课程，如社会实践团队、志愿服务活动等，让学生在实践中提升自己，培养激发学生积极性的品牌活动。

教师在组织学生开展社会实践活动时，要满足学生的社会性需求，并注重活动的细节和实施。教师应通过现场调研和网络调研等方式了解学生的实际需求和问题，从而精准地指导学生的成长和发展。在活动过程中，教师要注重培养学生的团队意识、沟通能力和创新思维；要通过生动具体的案例、活动场景和劳动实践丰富学生的体验。通过组织实践活动，教师可以引导学生亲身感受社会工作的意义和价值，培养学生的社会责任感和公益精神。此外，要对学生的实践表现和活动成果实施激励性评价，激发学生的实践动力。通过评价，教师可以及时发现学生的优缺点，激励学生在实践中不断进步，同时也可以鼓励学生参与更多的实践活动，从而实现全面发展。课程思政教育的目的之一是促进学生健康成长，养成良好的道

德品质。在实践活动中，教师可以引导学生关注环境保护、公益事业等社会问题，培养他们的社会责任感和公民意识。

第三节 优化思政师资建设

一、提升教师自身思想政治素质

（一）加强教师队伍理论学习

提高教师思想政治素养离不开相关政治理论的学习，学校应以开展专题培训、撰写心得体会等多种形式，使理论学习制度化、常态化，推动广大教职工的思想、理论知识、政治素养得到提升。

教师在教育工作中应加强对马克思主义基本理论、马克思主义中国化最新成果的学习，并将理论学习与工作生活实践结合起来。只有通过不断的学习和研究，教师才能不断提高自己的理论素养，增进对马克思主义理论的理解和把握能力，从而将思想政治教育元素运用到教学中去，对学生产生积极的影响。

提升教师的思想政治素质，可以采取现场考察学习活动的方式。比如，组织教师到红色基地学习革命文化，了解革命精神、英雄事迹等，进一步加深对中华优秀传统文化和革命历史的理解；又如，可以组织教师到改革开放的典型示范地区，感受经济社会发展的成就，了解中国特色社会主义道路的探索和实践，进一步加深对中国特色社会主义的理解和把握。

通过现场考察学习活动，教师可以亲身感受和体验马克思主义理论在实践中的指导作用，进一步认识到马克思主义理论的科学性和实用性，从而增强马克思主义理论的信仰和自信心。同时，这样的学习活动也有助于激发教师为实现中国梦、实现中华民族伟大复兴的奋斗目标而努力奋斗的热情和动力。因此，教师应努力加强对马克思主义基本理论和马克思主义中国化最新成果的学习，不断提高自身的思想政治素质，为更好地履行思想政治教育任务做出积极贡献。

（二）鼓励教师深入社会实践

在网络和新媒体的时代背景下，人们享受到了诸多的便利，但同时也面临着一些挑战。尤其是对于青年人来说，他们常常会在虚拟网络中消耗大量的时间和精力。对于青年教师群体来说，也是如此。要提高教师的思想政治素质，就要通过社会实践教育来帮助教师在真实的社会实践中发展自身。

社会实践是教师思想政治教育的重要环节，它能够启迪教师的思想，巩固所学的理论知识。通过参与社会实践活动，教师能够更加深入地了解社会的变革，社会问题的实质以及人民群众的需求，能够亲身经历并参与到社会的发展过程中，获得新的见识和体验。这样的实践能够帮助教师拓宽视野，提高社会感知力，进而更好地应对教学中的挑战。

因此，学校要积极鼓励教师参与社会实践活动。鼓励教师深入基层一线，开展真实的研究与教育。通过实地调研、参观考察、社区服务等形式，教师可以与真实的社会问题接触并解决。他们可以与社区居民、学生家长等进行面对面的交流，了解他们的需求和期望，从而更好地开展教育工作。

另外，社会实践教育还可以通过各种培训和讲座等形式进行。学校可以邀请行业专家、社会工作者等人来分享他们在实践中的经验和见解。这样的活动能够激发教师的思考，促使他们对教育工作的重要性有更深刻的认识。同时，通过案例分析等形式，教师可以学习到如何在实践中解决问题，提高自身的应变能力。

（三）营造提升思想素养的良好氛围

当前，学校教育正面临着多元化、多样化的挑战和机遇，如何提升整体思想素质已成为教育界的共同关注。

首先，学校要注重开展主旋律教育，树立爱岗敬业的先进典型，并对教师的突出贡献进行表彰和奖励。这种做法既能够激励教师充分发挥自己的能力和智慧，也能够影响带动整体素质的提升。通过表彰和奖励，教师将会更加努力地投入自己的工作中，从而为学校建设做出更大的贡献。

其次，学校要注重培养教师的专业能力和专业精神。通过实施积极、开放、有效的人才政策，创建一个良好的成才环境。正确的人才政策，能够吸引和留住优秀的教师，促进其不断提升自己的专业能力和专业精神。只有具备了良好的专业素养和扎实的学科基础，教师才能够更好地履行自己的教育使命，培养出更多德智体美劳全面发展的优秀学生。

最后，学校要将思想政治工作渗透到教师队伍建设的各个方面。通过树立正气、讲大局、讲团结和奉献精神的理念，使教师专心投入从教的事业中。作为培养社会主义建设者和接班人的教育者，教师不仅要对学生进行学科知识的传授，还要承担起培养学生正确的价值观和思想道德的重要任务。因此，教师自身的思想政治素质要有所提升，才能更好地实现教育的目标。

二、培养教师思想政治教育能力

（一）提升思政教育专业能力

思想政治教育是一种独立的教育过程，它具有社会性、集体性和实践性。这意味着思想政治教育不仅仅是为了培养学生的个人意识形态，而且是通过集体活动和实践经验使学生在社会环境中形成正确的世界观、人生观和价值观。

长期教育和自我教育是控制学生意识形态的有效手段。通过长期的教育过程，学校可以渗透和塑造学生的思想观念，使他们接受正确的政治教育。同时，自我教育也是非常重要的，学生需要通过个人努力和自我学习来深入理解和接受思想政治教育的内容。

学科教师需要提高自身的思政教学能力，加强思想政治教育理论知识的学习。作为思政教育的主要承担者，学科教师应该具备扎实的思想政治理论知识基础，以便更好地开展思政教育工作。只有通过学习和提高自己的思政能力，教师才能更好地引导学生，使他们受到正确的思想政治教育。

运用思想政治教育理论知识可以解决学校思政教育教学工作中的实践问题。学校在思政教育工作中面临各种实践问题，如，教学内容的选择、教学方法的运用和学生的教育效果等。通过运用思政教育理论知识，学校可以更好地解决这些问题，提升教学质量。

为了提高思政教育教学质量和促进教学创新，学校需要采取多种形式，提升学科教师的思想政治教育理论修养和专业水平。学校可以组织教师参与培训、学术研讨活动，提供相关教育资源和教学工具，促进教师对思政教育理论的深入了解和实践应用。此外，学校还可以鼓励教师参加思政教育教学比赛和评选活动，激发教师的教学创新热情，不断提升思政教育的质量。

（二）提高思政教育的实践能力

1. 培养学科教师的价值引导能力

青少年群体具有思维活跃、想象丰富的特点，但在心理上仍未完全成熟。学科教师需要关注他们思想领域的变化和疑惑，并发挥引导作用。应提升自己的课堂管理、课程实施和心理辅导等能力，将知识传授与价值引领相结合，帮助青少年塑造正确的价值观和品德。

2. 培养学科教师辨别、批判、抵制错误思潮和不良言论的能力

学科教师要坚定在思想政治教育中获得的理论、能力，对历史虚无主义、去意识形态化思潮等持抵制和批判的态度。

3. 培养学科教师发现学生思想动态、与学生沟通的能力

现代教育的核心是促进学生全面发展，而学科教师在这一过程中扮演着至关重要的角色。为了更好地实施学科教育，学科教师需要加强与学生的交流，关注他们的思想动态和生活困难，扮演引路人和知心人的角色。

事实上，思政教育对于学科教师的重要性不可忽视。学科教师也需要加入思政教育培训，发挥带动引领作用。通过参与思政教育培训，学科教师可以更好地了解思政教育的理念和方法，更好地引导学生的思想发展。此外，思政课教师也应与学科教师交流沟通，帮助他们解决思想困惑，提

升思想政治教育的能力。

为了促进学科教师的思政教育能力提升，培训研修活动是非常必要的。通过参加培训研修活动，学科课程教师可以掌握思想政治教育技能和方法，提高推进课程思政的能力。这将使学科教师能够将学科教育与思政教育有机地结合起来，更好地指导学生。

同时，为了帮助青年教师正确有效地指导学生，课程思政教师也要为他们创造良好的条件。通过传授其相关经验和引导的方法，可以帮助青年教师更好地理解学生需求，指导学生学习和发展。在此过程中，青年教师可以积累经验，逐渐成长为出色的教育工作者。

三、培养教师学科融合教学能力

（一）培养融合教学的教学设计能力

1. 在教学目标设计上，要培养将知识传授与价值引导相结合的能力

培养教师的教学设计能力，需要将思政目标融入专业课程的教学之中，这不仅可以帮助学生理解专业知识，更可以培养学生的价值观和社会责任感。例如，在教授历史课程时，教师可以通过讲述不同历史时期的伦理和价值观，让学生了解不同的文化背景对人们的价值观念产生的影响。这样，学生不仅可以学习具体的历史事件，也能够更好地理解人类社会的多样性和发展。

此外，学科教师可以通过听思政课，学习如何在知识传授中进行价值引导。思政课通常会关注社会问题、伦理道德等内容，而且会通过讨论、案例分析等方式，引导学生思考和分析。学科教师可以从中学习如何引导学生积极思考，如何让他们在学习知识的同时思考自己的价值观，并将这种方法应用到自己的专业课程中。例如，在物理课程中，教师可以利用一些现实生活中的案例和实验，让学生思考科学与伦理的关系，并引导他们分析科学发展带来的利与弊。

2. 在教学内容设计上，要增强教师将不同学科内容融合统整的能力

课程思政将思想教育融入课堂知识传授中，这种课程设计的核心在于

整体把握课程内容，提炼出“思政元素”，使学生在学习知识的同时也能够得到思想的熏陶和培育。

每门学科的发展都是通过科学探索发现的历史。学科的发展离不开前人不断追求真理、探索规律的努力。因此，每门课程中都蕴含着丰富的“思政元素”。这些元素包括但不限于家国情怀、道德规范、思维品质、创新能力等。要将这些思政元素融入课堂教学中，离不开教育路径的设计。教师要从整体上把握课程内容，深入挖掘其中包含的思政元素，并开展有针对性的教学。同时，教师还需要与学科知识相结合，将学科知识内容与现实问题、需求相结合，以提高教学的实效性和教育的针对性。

为了实现这一目标，教师需要不断完善自己的教学方法，注重提问和引导学生思考，引发学生的兴趣和思考，激发学生的创新潜能。此外，教师还应该注重培养学生的实践能力，将知识应用于实际问题解决中，让学生将学到的知识和思政元素与社会实践相结合。

3. 在教学过程的设计上，要培养“挖掘—转化—融入”的能力

融合教学是一种通过挖掘学科间交叉知识点，将其转化为跨学科教学内容的过程。这种教学方法需要将亟待解决的现实问题融入教学中，以回应教学目的。在课程思政中，“挖掘—转化—融入”能力是指学科教师发现、挖掘不同学科专业课程中的思政元素的能力。

融合教学不仅要求教师对学科内容进行整合，还要求将社会主义核心价值观教育有机融入课堂教学中，实现知识传授与价值引导的融合。通过融合教学，学生可以在学习中感受社会主义核心价值观的理念、精神，养成正确的价值观和道德观。

在实施融合教学的过程中，学科教师需要具备敏锐的思维和发现问题的能力，能够找到学科间的交叉点，并将其转化为教学内容。同时，教师还需要具备对现实问题的洞察力，能够将这些问题与学科知识相结合，使学生能够从中感受到学科知识的现实意义。

融合教学对于现代教育的发展有着重要的意义。通过融合教学，可以实现不同学科之间的协同发展，培养学生的综合素质和跨学科的思维能力。同时，融合教学还可以加深学生对学科知识的理解和应用能力，提高

他们的综合分析和解决问题的能力。

（二）培养融合教学的资源整合能力

1. 培养挖掘教学资源的能力。

融合教学的主旨是要通过重构跨学科的知识结构，实现教学内容的有机融合、相互渗透。教师在这一过程中扮演着关键角色，需要展示出自己融会贯通的知识网络，充分挖掘和整合各种教学资源，为学生提供全面、多角度的学习体验。

在课程思政方面，学科教师要有策略地挖掘学科知识中的“思政元素”，促进学生的思想道德修养提升，增强其社会责任感。不同学科之间的“思政元素”挖掘重点也会有所不同。例如，在自然科学类课程中，教师会强调培养学生的奉献精神和创新精神，让他们充分认识到科技创新对社会进步的重要性，并明白自己的学科知识能够为社会做出贡献。而在人文社科类课程中，教师的重点则在于培养学生的理想信念、政治认同和文化认同，让他们明确自己的价值观和社会责任，进而成为对社会有益的公民。

要有效挖掘出学科知识中的“思政元素”，教师需要灵活运用多种手段。例如，可以在教学过程中融入案例分析、问题引导等，引导学生思考、讨论，促使他们从学科知识的角度去思考与时代发展相关的思政问题。又如，教师还可以利用多媒体技术和互联网资源，为学生提供丰富的学习材料和案例，以增强他们的学习兴趣和参与度。

2. 培养整合不同学科资源的能力

一方面，知识转化能力是教师整合资源的基础。学科教师应具备将学术资源转化为育人资源的能力，将抽象化的理论转化为生动的实践情境，将专业术语转化为学生更容易理解的语言。通过理论与实践结合，帮助学生更好地理解、应用知识。

另一方面，融入能力也是教师整合资源的重要条件。学科教师不仅要传授学科知识，还要将育人的价值观融入教学之中。例如，在语文教学中，教师可以通过讲授优秀文学作品来培养学生的情感和审美能力；在历史教学中，教师可以通过讲述历史故事，引导学生树立正确的历史观念和价值观。此外，教师还要关注教学的实时性、适度性和适宜性。教师要合理安排教学时间，确保在适当的时机引入思政内容，使学生能够及时掌握相关知识。同时，教师还要注意控制教学内容的数量，避免内容过多导致学生无法消化吸收。教师还要根据学生的学习能力和掌握情况，调整教学难度，确保学生能够理解并掌握知识。

3. 培养整合学生实际需求与课程资源的能力

首先，学科教师在完成教案之前，可以让学生在线上平台进行试听。通过让学生评价思政元素的融入程度，教师能够快速了解他们在课堂中是否能够感受到思政的价值。学生的反馈意见可以作为教师进行教案修改的依据，以进一步提高授课效果。

其次，课程完成后，可以让学生进行匿名评价。讲述在课堂上最印象深刻的思政元素，并分享自己在课堂上想到的思政元素。这种评价方式能够更直观地反映学生在课堂中对思政元素的接受程度，以及他们对课程内容的理解和思考。

最后，教师根据学生的评价和思考来完善后续的课程。通过倾听学生的声音，教师能够更加准确地把握学生的需求和期望，进而在教学中更好地融入思政元素。这样一来，学生的参与度和学习热情将得到进一步提升，思政教育也将得到更好的实施。

（三）培养融合教学的方法拓展能力

专业课教师在课程思政的方法运用方面还有较大的提升空间，需要掌握各种教学方法，以便将思想政治教育融入专业课程中。这就需要重视教师在融合教学中的方法拓展能力，尤其是灵活使用多样化教学方法的能力。

鼓励学科教师勇于尝试不同教学方法与手段，以便调动学生的学习欲望。为了实现这一点，可以采用丰富且新颖的教学手段，例如，通过互联网平台、情境式学习和小组讨论等方式方法，学生可以更加主动地参与学习，提高他们的学习兴趣和积极性。

此外，学科教师还需不断进行教学过程和内容的设计、善于管理课堂教学和表达语言，多进行教学过程的观察与体察。只有通过不断地反思和改进，才能提升教学效果，使课程思政真正发挥作用。

第四节　加大思政资源开发

一、开发校本特色课程资源

（一）结合学校特色开展课程思政建设

1. 结合学校所处的地域特色

课程思政资源开发，可以与学校所处地区的特色结合，进行内容的选取与开发。就是充分利用当地的人文历史、思维方式等，进行资源的发掘。

首先，可以加强对当地历史渊源和优秀传统文化等教育资源的挖掘。通过深入了解当地的历史文化，可以选择具有代表性的英雄人物事迹、历史事件等内容，来培育学生的人文素养和爱国情怀。这样不仅可以让学生更了解和珍视自己所处的地方，同时也能培养他们的民族共同体意识。

其次，还应加强对红色历史文化资源的挖掘和运用。可以选择当地有关革命先烈和重大历史事件的内容，来培育学生珍惜得来不易的社会主义建设成就。通过学习历史，学生可以更好地理解先辈们为了国家和民族的付出、牺牲，从而增强他们的爱国情感和社会责任感。

最后，在开发资源的过程中，可以采用多种教育手段和方法，如，文献研究、故事讲述等，以使学生更深入地了解当地的历史文化传承。同时，可以结合校本课程的设计，将这些内容与现代社会发展和学科知识进行融合，使学生在接受思政教育的同时，也能拓宽知识面，培养实际应用能力。

2. 结合学校的优势与特色开发课程资源

利用学校的发展历史、学校优势等资源，可以形成课程思政的校本课程资源。这些资源可以为学生提供具有本校特色和优势的教育内容，从而达到更好的培养学生思政能力和道德素养的目的。

要开发校本课程资源，需要关注学生的生活经验。为了解学生的需求，可以采用个别询问、书面调查等方式。通过这些方法，详细了解学生对于思政教育的期望、疑虑和兴趣，从而有针对性地开发符合学生需求的课程内容。

了解和把握学生需求后，可以将这些内容应用于教学过程中。通过将学生的需求与教学内容相结合，可以激发学生的求知欲和主动性。当学生发现教育内容与他们的生活经验紧密相关时，他们会更加积极主动地参与思政课程，从而更好地理解和实践课程内容。

校本课程资源的开发目标是形成学生熟悉和喜爱的课程资源。当学生对思政课程的内容感到亲切和喜爱时，他们会更加主动地参与学习，提高他们的学习兴趣和学术表现。通过形成学生熟悉和喜爱的课程资源，可以更好地培养学生的思政能力和培养他们的道德素养。这将对学生的未来发展和社会责任感产生积极的影响。

（二）结合课程特色开展课程思政建设

1. 对于哲学社会科学课程

哲学社会科学课程在某种程度上具有社会主义思想，因此，在实施课程思政时，尤其是在传授相关西方理论的课程中，应该对其进行强调和深化。作为一名教师，不能盲目崇拜西方的文化和理论，要在马克思主义立场上，坚定中国特色社会主义道路，为学生树立正面的爱国榜样。

2. 对于通识教育课程和公共基础课程

通识教育课程和公共基础课程在培养学生综合素质的过程中具有重要作用。其中，理想信念教育被认为是至关重要的一环。这意味着教育应该注重培养学生正确的理想信念，使他们能够形成正确的道德观念，树立远大目标。另外，加强对社会主义核心价值观和中国梦的宣传教育也是关键点之一。教育应该传承和弘扬社会主义核心价值观，同时宣传教育中国梦的内涵和意义。通过教育，学生将懂得什么是社会主义核心价值观，以及这些价值观在实践中的重要性。同时，应弘扬爱国主义、集体主义和社会主义思想。学生应培养爱国主义情怀，树立集体主义和社会主义的思维意识。通过这类课程与课程思政的结合，学生将学习到爱国主义的具体内容，了解国家的发展历程以及国家对他们的期望，也将学习到集体主义和社会主义的优势，并且在实践中发挥自己的作用。此外，应坚定学生对共产主义远大理想和中国特色社会主义共同理想的信心。应该通过多种方式，使他们对这些理想产生强烈的信仰感，并能为实现这些理想做出自己的贡献。

3. 对于自然科学课程

自然科学课程的意识形态并不明显，在教授这门课程时，需要注意不应生搬硬套、强行将其他意识形态的内容引入其中。相反，应该注重将思想政治教育与科学精神、逻辑思维、生态文明教育等相融合。通过这样的方式，自然科学课程可以在潜移默化中影响学生。

在适当的时候，学科教师也可以将隐性思政教育转变为显性思政教育，直接点出所要表达的价值取向。这种显性的思政教育在自然科学课程中对学生的影响更加深刻。通过明确讲述特定的价值观，可以帮助学生更好地理解和认同科学精神、逻辑思维等核心概念，并将其应用于实际生活中。

自然科学课程与课程思政结合的关键点，是确保学科教师在传授科学知识的同时，也能培养学生的思想素养和价值观。尽管自然科学课程不像其他课程那样明显地涉及意识形态，但应认识到它的潜力，以及通过正确方法来满足教育目标的重要性。通过将不同的教育元素融合在一起，可以为学生提供一个更全面、更丰富的学习体验，帮助他们发展成为有思想、有创新能力、有社会责任感的公民。在今天这个信息爆炸的时代，这种综合性的素养对于学生的未来发展至关重要。

（三）结合教师特色开展课程思政建设

课程资源开发对于教师来说是一个重要的任务，需要教师结合自身的学科背景、知识经验和专业特长来挖掘资源。不同的教师可以根据自己的擅长领域，将其与课程思政内容相结合，以实现更好的教学效果。例如，擅长理论阐述的教师可以将思政教育理论与专业课程知识相结合，运用自己的专业知识，解释和阐述思政教育的理论，从而实现对学生的价值引导，使其能将相关价值观念和思想应用到实际学习、生活中。

又如，擅长数据分析的教师可以通过严谨的研究态度、数据分析能力影响学生的科研精神和学习态度。教师可以利用自己的专业素养，帮助学生培养科学精神和批判思维能力。通过深入的研究和数据分析，可以指导学生学会如何提出问题、收集数据、分析结果，并从中发现问题所在和解决方案。这样的教学方法可以激发学生的兴趣，并培养他们的研究能力和学习态度。

再如，擅长举例和讲故事的教师在选择案例、故事时，应联系专业内容，确保正确的价值导向。可以运用自己的经验和知识，选择与课程内容相关的案例和故事，通过生动的讲述方式来吸引学生的注意力。通过具有正确价值导向的案例和故事，可以帮助学生更好地理解专业知识，并培养学生的道德观念和情感态度。

二、开发综合实践活动资源

（一）校内开展探究性主题活动

学校在育人过程中，需要利用多种资源来实现对学生多维度的培养。除了正式的课程教学外，学校还应该关注学生的日常行为、交往礼节和参与活动等方面。这些方面都可以作为学校育人的资源，为学生提供全面发展的机会。

学校可以将学生活动开发为课程思政的资源。为学生引入更多实践活动，让学生在活动中进行思考和实践，从而提升他们的综合素质。例如，紧密结合学科知识与学生成长，开展探究性活动。学科知识应与学生的健康成长和全面发展相结合，通过探究性实践活动来探索问题和拓宽视野。这样的活动可以帮助学生更好地理解学科知识，同时培养他们的探究能力和综合素质。将学科知识引申到探究性活动中，可以发挥探究性活动的育人价值。通过将学科知识与探究性的主题活动结合起来，可以提升学科教学的学习效果，培养学生的独立思考能力和解决问题的能力。这样的活动可以帮助学生在学习过程中更好地探索和应用知识，提高他们的创新能力和综合素养。

探究性主题活动在学校教育中的重要性不可忽视。这些活动是学生课堂知识的延伸和拓展，这类活动与课程思政的结合，有助于学生学习知识、开阔眼界、培养创新精神和提升思想品德修养。通过参与探究性主题活动，学生可以在实践中获得更深入的学习体验，提高自己的综合能力和素质水平。因此，学校应该重视并积极开展这样的活动，为学生提供更丰富的学习机会和发展空间。

（二）家校合作开展家庭服务劳动

家校合作开展家庭服务劳动教育，是提升整体育人质量，帮助学生学习劳动技能，树立正确的劳动态度和价值观的重要途径。在家庭中，学生可以参与各种家务劳动，如，洗碗、做饭等，这些活动可以培养他们的动手能力和劳动价值观。

家校合作还可以充分挖掘家庭服务劳动作为思政教育资源的价值，培养学生的劳动知识、技能和价值观。学校可以开设劳动教育课程，教授学生关于日常生活劳动、生产性劳动、服务性劳动的知识和技能。通过这些课程，学生可以了解劳动的重要性，学会合理安排时间和任务，培养他们的劳动技能。此外，家校共育需要鼓励家长在劳动实践活动中引导与示范，让学生在亲身劳动体验中生成责任感，学会珍惜劳动成果、感恩和自立。

（三）学校与社会合作开展学习实践活动

社会生活中也包含着无尽的课程资源，可以组织学生开展探究、体验活动。综合实践活动课程与育人的融合，有着强大的作用和独特的价值。要充分利用这些资源，开发社会生活课程资源非常重要，可以通过融合、整合的方式形成课程。

校应与社区和社会共同打造学生的学习实践活动。这些活动可以包括社会调查、实践体验活动等。通过参与这些实践活动，学生不仅可以增加实践经验，还能够培养团队合作精神。例如，学生可以参与交通安全、图书馆整理以及学雷锋等社会服务活动，通过自身实际行动来服务社区和社会，提升他们的使命感和责任感，实现“知行合一”的育人目标。同时，学生还能够体验到自己的行动对社会的影响，从而激发他们的积极性和责任感，能逐渐意识到自己能为社会做出一些贡献。

综合实践活动课程不仅仅是知识的传授，更重要的是培养学生的实践能力和社会责任感。通过实际参与社会生活，学生能够学会与他人合作、解决问题和承担责任。这些能力对于学生的综合素质发展非常重要，能够帮助他们更好地应对未来的挑战。在整个过程中，教师扮演着重要的角色。应引导学生理解社会生活中的问题和需求，并帮助他们找到解决问题的方法。教师还应该激发学生的想象力和创造力，鼓励他们通过实践行动来实现自己的理想。

三、开发育人基地资源

（一）打造德育品牌基地

学校作为育人的重要场所，具有得天独厚的育人资源。在此基础上，学校应以自身的特色文化为抓手，建设德育品牌基地。通过依托德育品牌基地，创设新型学习环境，以提高学生的综合素质。

首先，德育品牌基地可以促进学生思想政治素养的提升。学校可以利用德育品牌基地举办一系列德育活动，学生通过亲身参与，能更好地了解和体验地域特色文化。这样一来，也能提高学生的文化自信心。同时，德育品牌基地还可以引导学生思考社会问题，并培养他们正确的价值观和人生观。

其次，德育品牌基地可以让学生形成努力学习的动力。通过参与德育活动，学生可以感受到自身的成长和进步，激发他们对学习的热情。同时，学校可以设置一些学习目标，给予学生一定的奖励和荣誉，鼓励他们更加努力地学习。这样，学生会将德育的理念内化为自己不断进步和追求卓越的动力。

最后，德育品牌基地可以促进教师的专业发展和创新能力发展。在德育品牌基地中，学校可以提供丰富的教育资源和培训机会，帮助教师提高自身教育水平。同时，学校可以鼓励教师创新，开展一些有特色的德育课程，丰富教学内容，提高教学效果。通过这种方式，教师可以不断提升自己的专业能力，为学生的德育教育提供更好的支持。

（二）创设理想信念教育基地

1. 理想信念教育基地能够拓宽课程思政的教育渠道

建立理想信念教育基础可以帮助思政教育与时代背景结合，紧跟时代的步伐，使学生更好地理解和应对当今社会的变化。理想信念教育基地的一个重要作用是通过书本内容与热点要闻的结合，将抽象的理论知识与现实生活联系起来。

在理想信念教育基地中，还可以创新教育方式，采用多样化的方法进行教学。除了传统的讲解方式，还可以采用榜样教育、情境教育、反思教育、案例分析等。榜样教育可以通过介绍一些成功人士的经历，激发学生的学习动力和向上的精神；情境教育可以通过模拟真实情境，使学生更加直观地感受到理想信念的重要性；反思教育可以促使学生对自己的思想进行深入反思和思考；案例分析可以让学生通过分析具体案例，理解理想信念对于个人和社会的影响。

2. 理想信念教育基地能够延展课程思政的教育场域

在理想信念教育基地，可以拓展课程思政的教育范围，实现课堂内外教育的优势互补和协同发展。也就是说，课程思政教育可以不仅仅局限于课堂上的教学，还能利用基地内的环境、资源开展实践活动，使学生对理想信念的教育更加全面。

在基地中可以开展与理想信念融合度较高的社会实践活动，通过感受社会，激发学生的责任意识和担当意识。这样的活动将帮助他们认识到自己作为社会成员的责任与使命，培养他们的社会责任感和为人民服务的意识。

通过社会实践活动，还能改变传统的理想信念教育方法，发挥学生的主动性与创造性，让他们真正成为学习的主体，提升他们积极参与问题研究的积极性。通过让学生思考和探索，他们将更深入地理解理想信念的重要性，并将其应用到实际中。

3. 理想信念教育基地能够创新课程思政的教育活动

理想信念教育基地能通过多种形式的活动，让学生更珍惜和平环境和幸福生活，进一步坚定他们的理想信念，传承艰苦奋斗的革命传统。

（三）建设传统文化传承基地

在校本课程开发的基础上，以民间音乐、舞蹈、曲艺、传统手工技艺等为主要内容，加强对中华优秀传统文化的传承，建立传统文化的体验、创新基地，使其能充分发挥思政教育的价值，促进教育平台的发展。通过对传统文化项目的传承体验活动、创新研发活动，既可以对民族传统文化进行教育普及、保护、发展，也可以通过课程建设、实践工作坊等，培养人才，更能在传统文化传承中实现思想政治教育。

1. 依托传统文化传承基地挖掘传统的文化资源，推进学生文化认知契合

当代社会正处于图像化的时代，人们对于视觉化、图像化的东西更容易接受。在这种背景下，传统文化传承基地应善于运用民族传统文化的感官冲击方式，让学生更好地了解和认识中华优秀传统文化。

传统文化传承基地可以通过挖掘中华优秀传统文化的素材，将其融合于当代中国社会建设发展之中。中华优秀传统文化博大精深，内蕴着丰富的故事和经典艺术形式得素材，将这些素材以现代化的方式呈现给年轻一代，可以增强其吸引力和感染力，通过将传统文化素材融入当代社会建设发展中，可以让人们更深入地理解和体验中华文化的独特魅力。

传统文化传承基地应当找到符合当今时代的契合点和共通之处，并将其应用到实践当中。传统文化传承基地不应该停留在传统的教育方式和形式上，而是要利用现代科技手段，如，虚拟现实、互动展览等，将传统文化元素与现代技术相结合，创造出更具参与性和互动性的学习环境。例

如，可以通过虚拟现实技术重现历史场景，让学生们亲身参与其中，深入了解传统文化的魅力。

在传统文化传承基地建设中，要注重挖掘教育资源，提升教学质量。传统文化传承基地可以邀请专业人士，如，艺术家、学者等，开设讲座、工作坊等，使学生能够与专业人士进行面对面的交流和学习。此外，还可以建立与学校、博物馆等教育机构的合作关系，共同举办文化活动，拓宽学生的文化视野。

2. 依托传统文化传承基地促进校园文化建设，促进文化情感契合

中华优秀传统文化的育人功能需要通过潜移默化地熏陶来实现。而校园文化正是中华优秀传统文化实现育人功能的有效平台。在校园中，可以通过各种形式来展示中华优秀传统文化，例如，文化墙、历史文化和名人塑像等。这样的展示可以帮助学生感受传统文化的博大精深。

此外，开展诵读古诗词、了解历史文化和历史名人等活动也是非常重要的。通过这些活动，可以让学生更加深入地体验传统文化并了解其中的价值。同时，进行中华优秀传统文化研究活动可以促使师生更深入地研究、全面地了解传统文化。

3. 加大“互联网+”传统文化传承基地的建设，促进思政教育的网络化发展

为了更广泛地传播传统文化，传统文化基地的建设也可以结合现代信息技术的应用。通过社交媒体平台，可以更加便捷地传播传统文化知识。利用微电影、微视频和微课等形式也可以将传统文化推送给更多人。

除了传统文化的传承外，还能培养学生积极进取、勇于担当、积极上进的品质，以及荣辱与共等信念和激情，这是中华优秀传统文化实现育人功能的重要目标。同时，还能培养学生将个人追求与社会发展相融合、共进退的能力，以及承担历史责任感和时代使命感的意识。

建设传统文化传承基地最终的目标是推进文化认知与个人发展、社会进步的契合。通过将中华优秀传统文化融入课程，可以不断激发学生对传统文化的热爱，并将其内化为自己的思想理念和人生追求。这样的努力将有助于实现学生个人的发展，同时也为社会的进步做出贡献。

第六章

高校课程思政评价体系建设

在新时代背景下，构建课程思政评价体系不仅是对课程思政理论体系的完善，同时也是为教育教学实践中的课程思政实施提供了质量保障。《深化新时代教育评价改革总体方案》指出，教育评价的建设应坚持立德树人基本原则，发挥教育评价在引导育人目标方面的指挥棒作用。此外，新时代的教育评价各个应转向多元化的价值理念、多维度的评价内容，并以问题中心作为评价标准的制定依据。

构建课程思政评价体系的关键在于回应课程评价自身的功能与价值，同时也要回应课程思政的理论基础与价值取向。一方面，课程评价体系需要确保评价功能的发挥，即对教学质量的监控和提升，以及对教学成果的考核与认可。另一方面，课程思政评价体系也需要体现课程思政理论在教育教学中的意义、作用，即培养学生的正确价值观和思想品质，以及提升学生的综合素养和能力。

建立与时俱进、科学有效的课程思政评价体系对于完善立德树人体制机制，提高教育系统现代化治理能力和水平具有积极的意义和作用。首先，通过建立科学有效的评价体系，可以更好地引导和规范课程思政的实施，确保教育教学质量的稳步提高。其次，课程思政评价体系的建立可以促进学生全面发展和综合素质的提升，培养具有高尚道德、创新精神和社会责任感的新时代人才。最后，构建课程思政评价体系也有助于提升教育系统的现代化治理能力和水平，推动教育教学工作的科学发展和不断创新。

构建高校课程思政评价体系，需要用系统性的思想对其进行总体规划，以保证其完整性。一方面，评价是促进发展的一种手段，它要求在某种评价标准的基础上，通过系统、综合的方法来对教学进程和结果进行综合分析、评判，起到诊断、修正、决策、服务的功能。另一方面，课程思政要坚持“立德树人”的根本要求，以“协同育人”的理念，采取隐性教育和显性教育相结合的方式，运用创新思维来推动高校德育工作的改革和发展。新时期以德育渗透为主要特征，提倡将“人文素养”内容融入课堂教学之中，对学生进行社会主义核心价值观的引导。《高等学校课程思政建设指导纲要》明确提出，要把价值导向融入课程教学中，要紧抓教师队伍、课程建设、课堂教学，构建和完善课程思政建设质量评价体系、激励机制。可以看出，以课堂教学为主渠道、以学生为培养对象、以教师为实施主体的课程思政教育活动，为构建课程思政评价体系，提供了思路和依据。

第一节　课程思政的课堂教学评价

课堂是实施课程思政的重要载体，教学是实现课程思政的重要途径，课堂教学是课程思政的主要渠道。在各学科课程中，课程思政利用课堂教学的作用，发掘思政教育元素，通过知识的讲授，进行理论传播、价值引导、情感激发。

课堂教学评价针对课堂教学进行测量和评价，旨在促进学生学习和改善教师教学。它包括对学生学习过程与结果以及教师教学的测量、评价。

但基于课程思政的课堂教学评价不仅是课堂教学评价体系的重要组成部分，也是对课程思政成效检验的关键环节。

课程思政的核心目标是培养学生的正确世界观、人生观和价值观。因此，课堂教学评价应重点关注学生是否在课程学习过程中形成了正确的思想政治观点、坚定的理想信念。此外，评价还应考量学生的道德修养、社交能力和创新精神等综合素质。

在课堂教学评价中，教师至关重要。教师应通过灵活多样的教学方法，积极引导学生参与思想政治教育的讨论和实践。同时，教师还应注重课堂教学的个性化和差异化，充分考虑学生的实际情况和需求，以便更好地激发学生的学习兴趣和积极性。此外，课堂教学评价还应适应现代教育技术的发展。通过运用新兴的教育技术手段，如，在线学习平台和教育大数据分析，更全面地了解学生的学习情况和教学效果，为课堂教学评价提供更科学、准确的依据。

《高校思想政治工作质量提升工程实施纲要》提出了一系列关键点，旨在通过改革课堂教学来提高高校课程思政的育人质量。首先，该文件提出要构建课程育人质量提升体系，推动课堂教学改革。这意味着学校需要优化课程设置，修订专业教材，并完善教学设计和管理，以提高学生的思想政治教育水平。其次，文件要求各门专业课程梳理思想政治教育元素和功能，并将其融入课堂教学。这意味着思想政治教育需要贯穿于各门学科的教学过程中，让学生在学习专业知识的同时，也接受思想政治教育。再次，该文件还要求建立课程思政评价体系，将课堂教学作为评价的基础，考察思政教育的实施成效，并提供决策和反馈。这意味着学校需要解决评价中的三个基本问题，即为何评价、评价什么以及如何评价。最后，该文件强调要坚守课程思政的价值导向，通过综合性评价方法促进课堂教学的思政建设。这意味着学校需要确保课程思政工作始终以正确的价值观为指导，并通过综合性评价方法对思政教育的质量进行全面评估。

一、课程思政课堂教学评价的价值导向

在当前教育改革的背景下，确立清晰的课堂教学评价的价值导向是至

关重要的。评价不仅应关注学生的知识掌握程度，更应考量学生的思想政治素养。这样的评价导向可以为学校的课程思政工作提供有效的价值判断依据，从而推动思想政治教育深入到学科中。

在课堂教学中，教师可以根据评价反馈，得到精准的教学反馈。这不仅有利于教师了解自己教学中的优势与不足，还可以使教师针对不同学生的不同情况，采取差异化的教学策略，提高教学质量。同时，强调课堂教学作为“立德树人”主渠道，意味着将思想政治教育元素细化，渗透至各学科课堂教学。通过将思想政治教育融入具体的学科内容中，可以使学生更好地理解和应用思想政治理论，进一步提升他们的思想政治素养。

推动立德树人根本任务在各学科课堂教学中落实，是当前教育改革的重要目的。通过将思想政治教育与学科教育相结合，可以实现学科自身特色育人和学科间协同育人。学科自身特色育人指的是不同学科通过教学内容的安排和教学方法的选择，培养学生相应学科的专业素养。而学科间协同育人则可以促进不同学科之间的交流和合作，促进学生全面发展。

在实施课堂教学评价的过程中，注重发挥学科之间协同育人的作用，可以促进教育资源的共享和互补，提升学生的综合素养。通过学科之间的合作与交流，可以培养学生的团队合作精神和创新意识，提高他们的综合能力和解决问题的能力。

（一）强化学科育人功能

学科育人是课堂教学的核心内容之一，也是对教学效果进行评价的重要标准。它的理论基础可以从学科的发展性和学科与人的互动关系上寻找。学科的发展性指的是不断更新的学科知识和理论，而学科与人的互动关系则强调学科对人的培养和影响。因此，学科教学被视为学校育人的主要途径和方式。学科育人的意义在于以人为最高目的和终极目的，其核心目标是培养学生的知识、能力、思维和学习习惯。通过学科教学，学生不仅能够获得专业知识，还能够培养批判性思维、创新能力以及合作精神。

此外，学科教学还注重培养学生的学习态度和方法，使他们具备自主学习与终身学习的能力。

学科思政元素是学科教学中的重要组成部分，与课程内容的融合具有共通性。学科思政元素包括价值观、科学精神、专业技能和社会发展等方面。这些元素通过与学科内容的结合，可以帮助学生树立正确的价值观念，培养科学研究的态度和方法，提升专业技能，并关注社会发展的需求。

在当前社会背景下，高校教育的目标不仅仅是传授学科知识，还包括培养学生的思想道德素养和社会责任感。为了更好地实现这一目标，课程思政在学科教学中的育人功能需要得到强化和拓展。

首先，为了确保课程思政在学科教学中的作用有效发挥，评价需结合课程思政元素与学科教学。这意味着评价标准不能仅仅基于学科知识的掌握，还要关注学生的思想道德发展、价值观形成等方面。通过评价和反馈，教师能够了解学生的思政水平，并及时有针对性地引导和帮助他们。

其次，学科教学评价应该将教材、教学过程和思政元素有机地融合在一起。教材应当渗透思政元素，例如，引用相关时事、名人名言等，以激发学生的思考和讨论。教学过程中，教师也应该灵活运用思政元素，通过举例、讲故事等方式，帮助学生更好地理解并体会思政的重要性。

再次，为了促进基于课程思政的学科教学，大纲与教学指南必须更加清晰明确、行之有效。在大纲中应明确规定课程思政的目标和要求，使教师在教学过程中有明确的引导方向。同时，教学指南应为教师提供具体的教学方法和策略，以便他们能够更好地融入课程思政的元素，并在教学中展现出行之有效的效果。

此外，在课堂教学中，学科育人和课程思政功能必须被有效地发挥出来。教师应注重培养学生的批判思维和创新意识，通过引导学生分析学科知识与社会现实的关联，激发他们对思政要素的理解和应用。从而达到学科教学与思政育人的有机结合，使学生具备发展成为全面人才的潜力。

最后，为了使学科育人和课程思政相互促进、相得益彰，在教学中需要创造性地运用思政元素来回应课程思政理念。教师可以通过设计启发性问题、提供讨论场景等方式，引导学生主动思考、表达自己的观点，以提高他们的思政素养。同时，学校还可以举办思政课程相关的比赛、讲座等活动，鼓励学生在学科教学中体现出思政精神和价值观。

（二）发挥学科协同作用

首先，课程思政教学评价强调发挥学科协同的价值导向，超越传统的评价视角和学科之间的界限。评价体系应能综合考虑学科知识和思想政治教育的要求，促使学科教学与思政教育实现良好的协同作用。

其次，课程思政一体化建设要求打破学科之间的壁垒，促进不同学科的协同合作。课程思政一体化建设的目标是将思想政治教育融入各个学科中，但实际操作中可能存在学科之间的隔离。因此，评价体系应该能够促进学科之间的合作，使得不同学科的教学相互融合，共同培养学生的综合素养。

再次，多元视角的评价可以全面、系统地评价课堂教学过程，丰富育人空间，拓宽学生的知识面和视野。评价体系应从多个维度评价学生的学习过程，包括知识面的拓宽、思想政治素养的培养等，使得学生能够全面发展。

然后，评价应促进课堂教学持续发挥学科协同育人的作用，构建多学科的教学合作制度和激励创新制度。评价体系应能够推动教师在课堂教学中发挥学科协同育人的作用，同时鼓励教师在教学中进行创新实践，不断提高教学质量。

此外，评价要立足于自身课程性质，结合课程内容和形式的设计，提供系统的、恰当的反馈，发挥诊断、修正等功能。评价体系应该与课程的具体特点相结合，为教师提供符合实际需求的评价指标和方法，使得评价结果更加准确有效，可以帮助教师及时调整教学策略，提高课程质量。

最后，评价的效果应促进课程思政体系的优化、发展。评价体系应能提供可操作性强、可持续发展的指导意见，为课程思政体系的优化提供科学依据，推动课程思政教育在各个学科中的深入发展，培养更多高素质的人才。

二、课程思政课堂教学评价的基本维度

课程思政评价体系的核心是建立科学、有效的课堂教学评价维度。而课堂教学评价的构建需要在借鉴国外教育理论的基础上，结合本土化的实践经验。在课程思政中，设计层面与实施层面是课堂教学评价的两个关键维度。根据课程学者古德莱德的理论，课堂教学评价应该兼顾教师的理解与设计、真实的实施过程以及学生的体验与收获。因此，在课堂教学评价中，应该包括对教学设计、实施和效果的评价。

首先，在教学设计方面，评价应该关注教学目标的明确性与合理性、教学内容的有效性以及教学方法的适应性。教学设计的科学性是评价的重要标准之一。其次，在教学实施方面，评级需要考察教师的教学能力和教师对课程思政的理解与应用。教师的教学效果与教学态度也需要纳入评价的范畴。最后，在教学效果方面，评价应该关注学生对课程思政的掌握程度和学生的综合能力提升程度。学生的学习成果和学生对课程的评价反馈也应该成为评价的重要依据。

（一）课堂教学设计

课堂教学设计评价是非常重要的，因为它能够反映出教师对学科课程和课程思政的理解程度。这种评价涉及教师将思政元素与课堂教学过程相融合的内容选择、方法运用。通过评价教师的课堂教学设计，可以了解教师对课程思政理念的领悟和把握程度。

基于课程思政的课堂教学设计评价主要用于衡量教师将课程思政理念与学科课程知识相融合的教学设计水平。在评价课堂教学设计时，需要考虑教学目标的明确性、教学方法的得当性、教学手段的多样性、教学本质的清晰性、教学逻辑的顺畅性和教学创新的显著性等因素。

而基于课程思政的教学设计评价则需要更多关注思政元素与课堂教学设计中各个环节的融合。通过评价教师对思政元素的应用情况，可以判断教师对课程思政的理解和运用程度。这样的评价能够实现对课程思政各要

素的系统关注与评价，帮助教师更好地将课程思政理念融入课堂教学设计中。

课堂思政是在课堂教学中将思政理念融入学科内容的一种教学设计模式。评价课堂教学设计时，需要关注以下几个方面。首先，评价课程思政是否能实现既定目标。课程思政旨在培养学生的思想道德素养和政治意识，评价时需要判断它的可实现程度，是否能使学生对学科内容有深入的理解和思考，是否能够引发学生主动学习和积极思考，以及是否能培养学生的社会责任感等。

其次，需要考察课程思政的内容是否贴切。评价时要看课程思政的内容是否与学科课程内容密切相关，是否能够提炼和挖掘出思政元素，并且是否合理地融入了课程中。同时也要判断课程思政内容的供给是否合理，是否能够满足学生学习和成长的需求。

再次，评价课程思政的教学组织形式是否适切。教学组织形式是指思政内容的教学方法和模式，评价时要判断这些方法和模式是否科学，并且是否符合课程思政的目标和要求。例如，采用案例分析、小组讨论等互动性强的教学方法，是否能够激发学生的思考和反思。

最后，评价课程思政时还需要避免将思政内容简单、机械地引入学科课程，而是需要有逻辑地进行融合，避免为了思政而思政，这样才能真正符合课程思政的理念和初衷。

（二）课堂教学实施

课堂教学实施评价是指通过对课程思政在真实课堂中的实际运作过程进行评价，来衡量其效果。这种评价既要遵循教育教学的基本规律和课程思政的内在要求，又要以开放且具有生成性的价值取向，激励师生在课程思政课堂教学中展现出创造性。

教师在教学实施过程中，不仅要关注知识的传授，更要注重培养学生的思想品质和道德修养。因此，课堂教学实施评价的目的就是要衡量课程思政在实际落地的课堂中产生的效果。教师需要评估学生是否对思政内容有了深入的理解和领悟，是否能够将思政观点运用到实际生活中，以及是否能够展现出独立思考和创新能力。

课堂教学实施评价的内容主要包括课程思政在课堂实施过程中产生的内容、效果。教师需要评估课堂中学生对思政内容的理解程度和学习成果，以及学生是否能够积极参与课堂讨论、表达自己的观点、思考问题。此外，还需要评价课堂教学中教师的教学方法是否有效，是否能够激发学生的兴趣和积极参与。

为了进行有效的课堂教学实施评价，需要从实际的课堂教学实施角度出发进行分析和评判。教师可以通过观察学生的表现、听取学生的意见和建议，以及进行课堂反思和总结，来对课堂教学的实施效果进行评价。同时，教师还可以利用问卷调查、小组讨论等方式收集学生的反馈意见，以便全面了解学生的学习情况和意见反馈，从而进行更全面和准确的评价。

评价应坚守教育教学基本育人逻辑和课程思政本质诉求。评价过程中应避免主观性、片面性和表面性，需关注学科课程的独特育人功能，结合课程特点，将知识学习、能力发展与品德养成相结合。在课堂教学评价中，应尊重包容、审美鉴赏的价值取向。不同学科有不同的审美标准，评价应遵循这些标准，评估学生的审美能力和审美情操。同时，课堂教学评价也应建立凸显形成性的标准，挖掘课堂教学中潜在的思政元素与价值，促进课程思政的有效实施。

在进行课堂教学评价时，尊重和鉴赏是评价的前提。要理解学生的背景和价值观，避免使用单一的价值判断破坏课程思政在课堂教学过程中的生成空间①。评价应兼顾多样性和差异性，尊重学生的个体差异，鼓励他们表达自己的观点和思考。为确保评价体系发挥品格涵养功能，要深入理解课堂教学中课程思政与学科课程之间的关系。评价应通过课程思政的内容和目标来塑造学生的品格，通过评价体系使学生在学科学习过程中形成正确的价值观和道德观。评价体系应注重学生综合素质的培养，使其在学科学习中培养出良好的品格和人格。

---

① 冯嘉芸. 新时代高校课程思政建设研究［D］. 沈阳：辽宁大学，2023.

（三）课堂教学效果

1. 体现在学生思想观念的变化上

课程思政的教学效果是无形的，因此，制定的评价标准要适度、恰当。要认识到学生在接受新知识之前往往已经形成了一些“前概念”，这些前概念对于他们来说是一种认知基础。因此，作为教师，需要及时发现学生认知前概念与新概念之间的矛盾点，以及它们之间的共同点。这样才能够有效引导学生，帮助他们建立正确的价值观。

与基于课程知识的教学效果评价不同，课程思政的教学评价主要集中在情感、态度、价值观等方面。这是因为课程思政的目标是培养学生的社会责任感和正确的价值观，而不仅仅是传授知识。因此，教师要关注学生这些方面的变化和发展。

然而，课程思政的教学效果又很难直接通过知识测验、行为表现等方法来进行检验。毕竟，情感、态度、价值观的培养是一个长期而复杂的过程，很难通过简单的量化指标来评价。所以，评价课程思政的教学效果需要进行长期、全过程的质性评价。

2. 体现在学生不断提高的综合表现水平上

课程思政，作为一门综合性课程，将学科知识传授与育人价值引领相结合，旨在培养学生全面发展的素质和正确的价值观。为了更好地评价课程思政的实施效果，评价者需要更注重评价强化学科育人的功能与发挥学科协同的作用。评价的重点是通过课堂教学实施的成果，来评价学生对学科知识的掌握程度和对社会价值的理解程度。

约翰・杜威提出了一种评价的方法，即将欲望、兴趣与过去条件关联起来进行判断，这种方法可以帮助评价者重新思考课程思政的实施效果①。通过评价学生对知识的欲望、兴趣，以及他们过去的学习条件，可以对他们的综合能力和学习态度进行重新评价，并提出相应的改进措施。

最终，课程思政的课堂教学实施效果将体现在学生综合表现水平的不断提高上。通过课程思政的实施，学生不仅能够掌握学科知识，还能培养

① 董翠翠. 蔡元培的健全人格思想研究［D］. 长春：吉林大学，2023.

正确的价值观和思维方式，并将这些应用到实际生活中，他们在学术领域和社会领域都能发挥卓越的能力，为社会进步和人类发展做出贡献。这就是课程思政的最终目标和意义。

三、课程思政课堂教学评价的主要方法

（一）综合性评价

1. 新时代教育评价改革的内在要求

教育评价改革的内在要求是建立一个系统、协调的课程思政评价体系。为实现这一目标，有两个关键点需要注意。

第一个关键点是选择与确立恰当的评价方法。评价方法的选择要从综合性的视角出发，选用科学有效的评价方法，并在结果评价、过程评价、增值评价和综合评价等方面进行改进。具体来说，需要根据不同的主体、学段和教育类型进行分类设计和稳步推进，以统筹兼顾的原则制定评价方法，以增强改革的系统性、整体性和协同性。

第二个关键点是坚持中国特色。课程思政评价体系的建立要扎根中国，融通中外，立足时代，面向未来。这不仅需要回应课堂教学评价的价值导向与基本维度，还要考虑评价的科学性与合理性，遵循教育教学实践经验规律。在评价方法的选择中，兼顾评价的可行性与可操作性，确保评价体系能够有效实施。

2. 课程思政的本质特点

课程思政的本质特点是，通过挖掘各类课程中的思想政治教育元素和功能，对学生进行思想政治教育，实现学生的德行培养和价值塑造。这就需要在其教学评价中，将感性与理性、认识与实践结合起来，促进知识学习和心灵滋养的统一。这意味着仅仅关注知识的传递和学习效果是不够的，还需要关注学生的情感体验和思想政治素养的培养。

但是，课程思政的课堂教学评价指一项具有多样性和不确定性的工作，难以运用统一、标准化的方式进行观察和评价。因为课程思政的评价需要考虑到多元化视角和多样化表现，也就是如何识别思政元素在课堂教

学设计、实施与效果维度中的体现。因此，课程思政的课堂教学评价需要得出科学合理、真实有效的评价结果。这需要评价者具备较高的专业素养和敏感度，能够准确识别和评估教学过程中的思想政治教育元素，并根据学生的实际表现给予适当的评价和指导。

3. 课堂教学评价的基本规律

基于课堂教学评价基本规律，课堂教学评价的关键点是多方面的。首先，评价应该具有发展性，即通过评价，学生和教师都能够不断发展和进步。其次，评价要具备主体性，即评价结果应该能够反映学生和教师的个体特点和能力水平。同时，评价要有明显的效益性，即评价结果应该对学生成长、教师专业发展和课堂教学质量提高有正面的影响。课程教学评价方法应该能够促进学生和教师的成长和发展，并且要兼顾多元主体的价值诉求。这就意味着评价方法应该能够满足不同学生的需求，并且能够反映出不同教师的教学特点和风格。评价方法还应该能够促进教师在课程思政过程中的创造性，即能够激发教师创新的教学思路和方法。

此外，课程教学评价还应该提升学科育人水平和协同育人效果。这就要求评价结果不仅仅关注学生的学习成绩，还要关注学科知识的理解和应用能力，以及学生在合作学习和团队合作中的表现。

（二）综合性评价在课堂教学评价各个维度的具体体现

1. 在课堂教学设计维度

课堂教学设计维度的评价方法应以鉴赏性原则为基础，通过深入理解和欣赏教育活动的复杂性和丰富性，选择合适的评价工具和方法进行评价。鉴赏式评价的目的是让评价者深度理解和欣赏课堂教学的艺术性、教育价值。评价工具的选择应根据评价者对教育活动的理解和鉴赏，例如，使用影片和录像可以帮助评价者更直观地观察和欣赏教学活动的过程和效果；而诗歌和师生谈话等素材的运用则能够更好地体现教育活动的情感和人文关怀。

课堂教学设计维度的评价方法应注重思政元素与学科课程知识的融合。通过使用档案袋评价等质性评价方法，评价者能够更深入地了解思政元素在课堂教学中的融合程度和方式。评价反馈应侧重于发现思政元素的渗透和课堂教学的育人意义，以引导教师进一步完善教学设计。鉴赏性原则的运用能够帮助评价者更全面地审视和欣赏教育活动，从而提供更有意义和有效的评价反馈。

2. 在课堂教学实施维度

课堂教学实施的评价方法需要根据真实性原则进行选择和应用。真实性评价具体包括五个特征。首先，它同时指向结果和过程，强调评价的对象不仅是教学成果，也包括教学过程的真实情境、复杂性情境和任务。其次，真实性评价必须事先制定好“量规”，即明确评价标准和量化指标，即明确评价标准和量化指标，以便进行客观的评价。再次，真实性评价应承认个体差异，不同学生在学习成果上可能有不同水平的表现。此外，真实性评价应融于日常课堂活动中，而不仅仅是以考试或测试的形式进行。通过在课堂中进行评价，可以及时了解学生的学习进展和困难，以便及时调整教学策略，最后，真实性评价方法应能凸显学生变化的描述性特征和痕迹，以便更好地观察和评估学生的个体发展。

课堂教学实施的评价方法主要针对教师基于课程思政“教”的过程。为了凸显学生的变化，评价方法要选择能够凸显学生变化的描述性特征和痕迹。这意味着评价方法应该能够观察和记录学生在学习过程中的变化和进步，而不仅仅是简单地评价学生的得失分数。

在选择评价方法时，可以考虑使用量表法、随堂听课评价法、替代性评价法等。量表法可以通过衡量学生在各个方面的表现来评价他们的学习进展。随堂听课评价法可以通过观察和记录教师和学生之间的互动过程，来评价教学效果。替代性评价法可以使用学生的作品、展示或项目来评估他们的学习成果。

在评价过程中，应确保评价及时有效，真实地反馈课堂教学过程。评价者不应主观预设，而应以客观的态度评价学生的表现，避免评价结果偏离被评价者的真实状态。只有真实的评价才能为教师提供有价值的反馈信息，帮助他们改进自己的教学方法，促进学生的学习和发展。

3. 在课堂教学效果维度

在课堂教学评价方法的选择与运用上应遵循发展性原则。这就需要关注学生的发展和教师的教学水平提高。评价应当重视课堂教学过程中的动态变化因素，并采用全面、多元、开放的评价标准给予反馈。在评价学生的课程思政过程中，尤其需要关注学习效果。通过采用表现性评价和启发诱导式的研讨评价方法，可以更好地评估学生的学习效果。此外，也可以运用档案袋评价法，包括轶事记录、调查或研究报告等形式来评价学生的表现。在评价过程中，需要特别注意课堂教学是否调动了学生的情感、态度、价值观等因素。这些因素对学生的发展具有重要影响，评价时应全面考虑。评价过程应覆盖课堂教学的全过程，并综合运用各种方法进行评价。只有通过多种方法的综合运用，才能全面了解学生的学习情况和发展潜力。这样，才能更好地指导学生的学习，促进他们的全面发展。

（三）综合性评价的综合性体现

综合性评价在课程思政的课堂教学中发挥重要作用。它涉及评价主体的多元选择、评价原则的整体考量、评价内容的有机整合以及评价方式的综合运用等方面。在课堂教学评价中，需要根据情境需要选择具体的评价方法，并科学合理地运用。综合性评价方法的使用能够强化学科育人功能与促进学科协同作用。通过评价主体的多元选择，可以更全面地了解学生在不同学科中的综合能力和素养。评价原则的整体考量能够使评价结果更加客观公正。评价内容的有机整合可以提高评价的质量和效果。评价方式的综合运用则能够更好地帮助学生发展自己的优势和弥补不足。

但在实践中，教师也需要不断探索和反思，以形成课程思政课堂教学评价的实践智慧。只有通过不断实践和反思，才能逐步理清评价的目的、方法，从而使评价更加科学、可靠。同时，实践的过程也是一个不断完善和提高的过程，只有不断地实践才能使评价方法更贴近实际，更符合学生的发展需要。

综合性评价在课堂教学中的应用，也能促进立德树人根本任务在课堂教学过程中的有效落实。通过评价学生的综合能力和素养，可以更好地培养学生的品德和道德观念。同时，通过评价学生在各学科中的表现，也能够激发学生的学习兴趣和学科发展潜力。

第二节　课程思政的学生发展评价

一、学生评价的价值导向

（一）大中小学一体化

1. 基于课程思政的学生评价具有整体性

基于课程思政的学生评价体系综合考虑了学生的家国情怀、政治认同、使命担当等多个方面，形成了从小学到大学的完整评价系统。同时该评价系统将学生的过程性评价和结果性评价结合起来，准确描述了课程思政在学生身上发生的变化，通过学生评价促进了教育教学的改革和创新。

2. 基于课程思政的学生评价具有进阶性

通过构建从小学到中学和大学各个学段的评价系统，体现了教育的层次性和进阶性。这样的评价系统能够反映学生成长的规律，促使学生循序渐进、逐步提升。

3. 基于课程思政的学生评价具有重点性

每个学段的评价内容都要注重对学生培养目标的评价，强调了各阶段评价的差异性。如，小学阶段关注学生的道德情感，初中阶段关注学生的思想基础，高中阶段关注学生的政治素养，大学阶段关注学生的使命担当。这样的重点评价能够更加准确地反映学生在不同阶段的发展情况。

4. 基于课程思政的学生评价具有协同性

在评价过程中，学校、家庭、社区和政府应相互支持，教师、学生、家长和其他相关人员共同参与评价，将课堂教学与家庭熏陶、课外实践结合起来，构建全员、全过程、全方位的协同评价格局。这样的评价机制能够更好地发挥各方的作用，推动学生综合素质的全面发展。

（二）政治引领和价值导向统一

我国教育的根本任务是培养社会主义建设者和接班人，为实现这一目标，学校应加强政治引领，全程育人，全面推进新时代中国特色社会主义思想进教材、进课堂、进学生头脑。这就要求学校将中国特色社会主义思想融入教育体系的各个方面，确保学生能够深刻理解和应用这些思想。

在构建社会主义核心价值观的过程中，学校应牢固树立中国特色社会主义理想信念，并将其融入学生的行为。这包括培养学生的社会责任感、公民意识、法制观念，以及传承和发展中华优秀传统文化的信念。通过这些努力，学校能够帮助学生建立正确的人生观、价值观和世界观，为未来的社会主义建设做出贡献。

学校还应该利用新时代中国特色社会主义思想来铸魂育人，引导学生坚定“四个自信”。这包括对中国特色社会主义道路、理论、制度和文化的自信。学校应该通过教育和培训活动来帮助学生树立自信心和自强意识，培养他们具有正确的人生目标和积极向上的心态。此外，学校还应该厚植爱国主义情怀，将爱国主义融入建设社会主义现代化强国的奋斗中。通过教育和培训活动，增强学生的国家意识、民族自豪感和集体荣誉感。这将激励学生为国家的发展贡献自己的力量，并为实现中华民族伟大复兴的中国梦奋斗。

学生时期是人生中最关键的成长阶段，学生的世界观、人生观、价值观都尚未完全成熟，这导致他们在对事物进行价值判断时往往不够全面。课程思政作为一门重要的课程，可以对学生的思想、行为和价值选择产生深远的影响。

课程思政的内容丰富多样，包括思想道德追求、科学精神、爱国情怀、优秀传统文化、人格培养等方面。这些内容的传授可以让学生树立正确的人生观和价值观，培养他们的社会责任感和爱国情怀，帮助他们更好地成长为具有德智体美劳全面发展的社会主义建设者和接班人。课程思政，可以帮助学生扣好人生的第一粒扣子以及以后的每一粒扣子。课程思政的教育成果不仅能够在学生的人生早期产生重要影响，还能够伴随学生成长的每一个阶段发挥作用。它为学生提供了坚实的思想基础和道德底线，引导他们走向正确的人生道路。

评价思政课程时，应重点关注两个方向：政治引领和价值导向。政治引领方面，课程思政应能够引导学生坚持正确的政治方向，让他们认识到社会主义的优越性，树立对社会主义的信仰和追求。价值导向方面，课程思政应能够培养学生具有正确的价值选择能力，让他们树立正确的人生目标和价值观，形成社会主义核心价值观。在评价课程的教育成效时，应该综合考量政治引领和价值导向两个方面。只有在政治引领和价值导向有效实施的基础上，课程思政才能真正发挥其培养学生成为社会主义接班人的关键作用，为我国未来发展培养更多的优秀人才。

（三）知情意行统一

在课程思政的基础上，对学生进行的评价，要做到知、情、意、行结合，也就是说，在对学生进行课程思政评价时，要对学生的知识、情感、意志和行为进行充分的评价。通过引导学生将理性选择和情感认同后的价值规范外化为自己的行为，将思政素养、社会责任担当内化于心，从而建立其积极的价值观体系。

在学生成长过程中，“知”作为形成正确价值观的基础和前提，来自理论学习和实践。通过系统地学习，学生可以掌握丰富的知识，理解世界运行的规律，从而形成科学的世界观、人生观和价值观。实践则通过学生参与社会实践活动、实习等方式来丰富知识，增进对社会的认知，进一步巩固和拓展知识面，并通过实践经验的总结提高对实践活动的认知能力。

“情”则是对思政认知的强化力量。包括积极的抽象情感，如，爱国情感和社会责任感。通过爱国主义教育和社会实践等活动，学生可以增强对国家和社会的热爱、对社会问题的关注，并形成积极向上的情感态度。这种情感不仅可以增强学生的内在动力，使其在思政学习中更加主动积极，也可以激发对社会问题的思考，进而培养学生的社会责任感。

而在将思政认知转化为行为时，“意”起到了关键的作用。“意”指的是将思政认知转化为行为的途径，包括自觉支配行为以实现目标的心理过程。通过思想自觉和行为规范的约束，学生可以在实际行动中贯彻正确价值观。意志力是推动学生实现目标的关键因素，在遇到困难和诱惑的时候，意志力可以使学生保持专注和坚持。因此，在思政教育过程中，培养学生的意志力非常重要，它可以帮助学生更好地将思政认知转化为实际行动。

“行”是学生思政认知、情感和意志的外在表现，也是评价学生思政素养的最终依据。它是学生通过实际行动来践行正确价值观，表现出良好的道德品质和社会责任感的途径。例如，学生在参与志愿活动、组织社会实践等方面的表现可以体现出学生的思政素质。因此，评价学生素质时，除了关注学生的知识水平和学习能力外，还应该特别关注学生的行为表现。

在评价学生时，应综合考量学生在思想政治素养方面的知情意行，避免过于片面的评价。在评价时，要注意将政治思想和道德知识教学、情感培养、意志锻炼、道德行为习惯养成等方面进行有机结合。学校在进行学生评价时，应将评价结果作为一种反馈机制，来推动思政改革的进一步发展。通过了解学生的评价反馈，学校可以更好地了解学生在思想政治素养方面的现状和问题，进一步优化思政教育的方式和方法，以适应时代的发展和学生群体的需求。

思政教育的目的不仅仅是传授政治思想和道德知识，更要关注学生的全面发展。因此，在思政改革中，学校应该将政治思想和道德知识教学与情感培养、意志锻炼、道德行为习惯养成等方面结合起来，并将其作为整个学生评价体系的重要组成部分。通过综合考虑学生在思想政治素养方面的知、情、意、行，学校可以更客观地评价学生的综合素质。同时，也可以更好地促进学生的全面发展，帮助他们形成知情意行统一的健全人格。

二、学生评价的核心内容

（一）家国情怀

道德情感作为个体精神和人类伦理的核心，是最稳定、最深沉的特质和支柱。家国情怀也是一种道德情感，代表了人民对国家繁荣富强、民族兴盛以及家庭幸福美满的精神追求。这样的情感是形成爱国主义精神的根基，也是民族认同、国家认同以及文化认同的基础。家国情怀集中体现为民族归属感、国家尊严感、国家荣誉感和民族自豪感。

民族归属感是个体对自己属于中华民族的意识，表现为对故土、家乡和祖国的热爱和关注。国家尊严感包括对国家和民族的认同、热爱国家的情感以及爱国志向。一方面，它体现了个体为维护国家尊严而自觉履行义务的意愿；另一方面，它也包含了个体愿意为国家争取荣誉和维护国家声誉的情感。国家荣誉感是指为国家获得尊重和荣誉而努力向上的情感。这种情感表现在个体愿意为国家争取荣誉，保持国家的声望。民族自豪感是指个体对国家的发展历史、发展道路感到自豪骄傲的情感。这种自豪感来源于对中国奋斗历程、传统美德、悠久文明、革命传统、英雄事迹等的自豪感。

（二）理想信念

在当今社会，理想信念对于个人和社会的发展至关重要。理想是对未来社会和个人发展的向往、追求，它能帮助人们树立正确的世界观、人生观、价值观。同时，个人的理想也需要与国家社会的理想相结合，以实现个人与社会的良性互动，将个人的发展与国家社会的发展紧密联系在一起。

信念是对一种思想和理想坚定不移并身体力行的精神状态。它能够带来持久的行动力，帮助人们克服困难，朝着目标前进。因此，要加强学生的理想信念教育，为学生补足精神之钙，将他们培养成能够担当民族复兴大任的时代新人①。

在评价学生的理想信念时，可以将其作为基于课程思政的学生评价指标。理想部分包括学生是否理解和认同中华民族伟大复兴的社会理想，是否能为实现中华民族伟大复兴的理想而奋斗。信念部分则体现在学生对中华民族伟大复兴背景、发展历史的认识和信仰程度，以及学生是否具有为实现伟大梦想而奋斗的行动，是否能正确认识个人、集体和国家的辩证关

① 刘心宇．微媒体背景下高校思想政治教育优化路径研究［D］．西安：西安理工大学，2023.

系，是否能够脚踏实地实现自己的抱负①。

社会主义信念是当代学生信仰的核心价值观，它包括对全国人民奋斗实现伟大梦想的信念，对马克思主义的坚定信仰，对实现中华民族伟大复兴的中国梦的信心，以及对“四个自信”的坚定信仰。因此，可以从这几个方面来评价学生的理想信念。

首先，学生是否相信全国人民团结一心，努力奋斗，就能够实现伟大梦想；是否深信社会主义理想主要体现在对全国人民团结奋斗、实现社会主义梦想的坚定信心上；他们能否意识到自己作为新一代的学生，承载着实现社会进步的责任，并愿意努力为国家和民族的发展做出贡献。

其次，学生是否坚定对马克思主义的信仰。马克思主义是指导中国特色社会主义建设的理论基石，是解决社会问题的重要思想武器。只有秉持马克思主义理论体系和思想方法，才能为社会的发展提供有力的指导和思维框架。

再次，学生是否对实现中华民族伟大复兴中国梦有着坚定的信心。不仅要对中国梦的背景、内涵和具体内容有着清晰的认识，更要深刻认同这一梦想的实现对中国和世界的重要意义。

最后，坚信“四个自信”是中国特色社会主义事业健康发展的重要保证。基于此，可以从他们是否对中国特色社会主义道路、理论、制度、文化有着坚定的信心，进行评价。

（三）政治认同

政治认同是人们在社会政治生活中产生的一种感情和意识上的归属感，与心理活动密切相关。这种认同基于人们在特定社会环境中的身份认同，包括阶级成员身份、政治过程的参与者身份或政治信念的追求者身份。通过自觉地接受组织和过程的规章制度，规范自己的政治行为②。

对于学生来说，政治认同起到了塑造他们幸福生活的精神支柱、价值

---

① 杨盼悦．思想政治教育凝聚价值共识研究［D］．长春：吉林大学，2023.

② 中国大百科全书出版社编辑部．中国大百科全书·政治学卷［M］．北京：中国大百科全书出版社，2004.

追求和道德准则的作用。他们的政治认同包括对中国特色社会主义的坚持和发展，对中华人民共和国、中华民族和中华文化的认同，以及弘扬和践行社会主义核心价值观。这些政治认同的形成将有助于学生培养正确的价值观和道德准则，在社会主义建设中扮演积极的角色。

为了培养学生的政治认同素养，要让他们牢固树立中国特色社会主义理想信念，作为合格的社会主义建设者和可靠的接班人的必要条件。教育机构应该通过教育培训、政治教育和社会实践等方式，引导学生热爱祖国，了解中华民族的历史文化，弘扬社会主义核心价值观，培养他们的责任感和使命感。政治认同素养的发展不仅对个人的成长有着重要意义，也对整个社会有着积极的影响。只有通过对政治的了解和参与，人们才能更好地履行公民的义务和责任，建设一个和谐、繁荣的社会。

学生的政治认同主要包括对政治制度和社会主义核心价值观的认同。对政治制度的认同意味着学生接受并支持中国特色社会主义政治制度、体制、意识形态。深信发展中国特色社会主义是国家繁荣富强、民族振兴、人民幸福的根本保障。理解和赞同中国特色社会主义的政治发展道路，认可国家政权的组织形式、国家结构形式、政党制度和选举制度等。同时，坚定不移地拥护我国社会主义制度，坚定地走中国特色社会主义政治发展道路。

对社会主义核心价值观的认同表现为学生对其的认可和实践。学生认可社会主义核心价值观，并理解坚持这些价值观的重要性。积极践行社会主义核心价值观，将其内化为自己的行为准则。这些价值观代表了当代中国人民团结奋斗的共同思想基础，是中国精神的核心体现。

政治认同对于青年学生来说至关重要。它不仅是对国家政治制度的支持，更是对社会主义核心价值观的接纳和实践。这种认同能够帮助学生树立正确的思想观念，并引导他们积极参与社会发展建设。只有通过政治认同教育，青年学生才能真正理解和拥护中国特色社会主义，为实现国家的繁荣和人民的幸福不懈努力。

（四）使命担当

使命担当包含使命和担当两个相互联系的方面。使命是指自觉的道德精神，而担当则指敢于接受并主动承担重任。这两个概念都包含了责任和义务的意味。使命是担当的内在动力，而担当则是实现使命的必要行动力。担当精神是一种基于对行为合理性深刻认识基础之上的意志和行为品质。它是使命意识和责任观念的有机统一。这意味着人应该不仅仅具备明确的使命意识，还应积极地采取行动来承担责任。

在大学阶段，应该重点增强学生的使命担当。对其进行评价时，可以从历史使命和责任担当两个维度来进行。历史使命的评价可以测查学生对国家发展使命的认知和对自身肩负使命的理解程度。责任担当则指学生为实现中华民族伟大复兴而主动承担重任，包括责任意识和自觉行动。

三、学生评价的主要方法

（一）目标模式与过程模式合一的评价方式

基于课程思政的学生评价是教育教学中的重要环节。目前，关于学生评价的模式主要有目标模式和过程模式。目标模式是一种经典的评价模式，它通过明确的行为目标来评价学生的进步。目标模式的优点是清晰明确、便于操作和评价。然而，目标模式无法反映情境以外的变化，以及学生成长过程中的信息。而过程模式能弥补这一不足。过程模式关注学生在学习过程中的表现，并强调教师在课程思政教学中的作用。它以内在价值为基础，强调学生与教师的共同成长。过程模式的优点是关注过程而不是预设的目标，能够更好地反映学生的实际表现。但过程模式的评价结果可能存在主观性。

因此，在基于课程思政的学生评价中，可以采取目标模式和过程模式相结合的方式。这样既可以关注结果，评价学生是否达到要求，也可以关注过程中学生的成长。在评价的过程中，可以设置明确的目标指标来衡量学生的学习成果，也要关注学生在学习过程中的表现和成长。教师应承担起评价的角色，也要引导学生进行自我评价，反思自己的学习过程，从而更好地发展学生的思想政治素养。

（二）过程性评价和总结性评价相结合的方式

在评价学生时，教师可以采用过程性评价和总结性评价的结合方式。过程性评价是通过学生个体、教师、同伴等共同参与来评价学生在学习过程中在认知、情感、态度、策略、行为等方面的发展情况。这种评价方式采用了多种具体方法，如观察、座谈、活动记录、问卷调查、学生自评、学生互评等。通过评价学生在学习过程中的平时表现，包括课堂学习、平时作业以及日常生活中的表现，可以更全面地了解学生的情况。

而总结性评价则是通过教师进行客观的测验等方式来评价学生在思想政治素养方面的发展情况。这种评价方式的重点在于对学生的整体变化作出结论性的评价。通过总结性评价，教师可以更准确地了解学生在思想政治素养方面的进步与不足之处。

过程性评价和总结性评价相结合的方式，可以更全面地观测学生在思想政治素养方面的整体变化。过程性评价注重学生在学习过程中的各个方面的表现，通过多种具体方法的综合评价，可以全面地了解学生的发展情况。而总结性评价则是通过教师进行客观的测验等方式，对学生的整体发展情况进行评价，从而更准确地了解学生的思想政治素养的进步情况。

（三）质化评价和量化评价相结合的方式

学生评价是对课程和教学效果进行评估的重要手段，为了得到准确的评价结果，可以采用质化评价和量化评价相结合的方式进行。质化评价主要通过观察、访谈成果展示、实践活动记录和自我反思等方式收集信息，用于证明课程思政在学生身上的发展变化和实施效果。通过这种方式，可以获得学生在课程中的实际表现，并了解他们对课程的理解和感悟。质化评价更加侧重于深入了解学生的思想、态度和价值观的变化，因此能够提供更为全面和深入的评价结果。

此外，量化评价采用结构性测验和问卷等数据统计分析的方式收集信息，用于评价学生的表现。通过量化评价，可以直观地了解学生在课程中的学习情况，从而对学生的学习成绩、吸收知识的能力和潜力进行评估。

量化评价更加侧重于客观的数据分析和对学生学习水平的衡量，因此能够提供客观可靠的评价结果。

质化评价和量化评价的结合可以将主客观的证据收集起来，使评价更为真实、科学和准确。通过综合分析质化和量化评价的结果，可以更全面地了解学生的学习情况和成长变化，为教师提供反思和改进教学的依据，同时也为学校评估和管理教学质量提供参考。因此，将质化评价和量化评价相结合是一种合理的评价方式，有助于提高评价结果的准确性和科学性。

（四）集体评价和个案分析相结合的方式

在学生评价中，集体评价和个案分析在覆盖面、方式上存在着明显的区别。集体评价是针对全体学生的评价，而个案分析则是对个人进行评价。集体评价通过统一的测试、问卷等方式对学生的思想政治素养进行统一评价，从而摸清学生整体发展情况。而个案分析则是对个人思想政治素养发展情况的个别化收集和评价，通常采用档案袋评价。这意味着个案分析更加关注学生个体的特点和发展状况。

在对学生进行评价时，要综合考虑集体评价和个案分析，实现点面结合，兼顾群体与个体。集体评价能够给出一个整体的评价结果，帮助学校、教师和家长更好地了解学生的整体发展情况。而个案分析则可以更深入地了解学生的个人特点和优劣势，为制定个性化的教育方案提供依据。

通过集体评价和个案分析的结合，可以更全面地了解学生的思想政治素养发展情况，并采取有针对性的教育措施。集体评价能够揭示出整体的发展趋势和问题，从而帮助学校制定相应的教学改进计划。而个案分析则能够帮助教师更好地了解每个学生的特点和需求，为其制定个性化的学习计划和辅导方案。

值得注意的是，集体评价和个案分析不能只看一方面，而是需要结合起来进行综合评价。通过综合考量集体评价和个案分析的结果，可以更准确地把握学生的思想政治素养发展情况，并制定针对性地教育措施。同时，也应意识到，评价并不是目的，而是为了更好地帮助学生成长和发展。因此，在进行评价时，应注重引导和辅导学生，帮助他们树立正确的价值观和思维方式，促进其全面成长。

第三节　课程思政的教师发展评价

一、课程思政教师评价的基本导向

（一）体现教书育人使命

1. 以教师立场回应新时代立德树人根本任务，践行教书育人使命

随着《深化新时代教育评价改革总体方案》和《中华人民共和国国民经济和社会发展第十四个五年规划和2035年远景目标纲要》的颁布，教育评价改革在新时代得以深化。从中可以提炼出关于立德树人成效、师德师风建设和提升教师教书育人能力的几个关键点。

首先，立德树人成效被确定为根本标准。这意味着教育评价改革要始终将立德树人成效作为评价的根本标准，并体现出教师在履行立德树人根本任务方面的责任承担。其次，师德师风建设要得到强化。师德师风作为第一标准，在教师评价中要更加重视对教师思想政治素质的考察，以推动师德师风建设的长期化和常态化。再次，教师的教书育人能力素质需要不断提升。为此，教师评价要进一步完善教师管理和发展政策体系，以提高教师的教书育人能力素质。最后，教师发展评价要基于课程思政。这意味着在评价教师的发展过程中，要充分体现教师的教书育人使命，反映出教师对教书育人使命的积极践行。

2. 以学生发展视角召唤新时代教师传承与弘扬教书育人使命

教书与育人是教师职责的两个重要方面。教师需要注重学生的科学知识学习，同时也要重视他们的道德品质培养。因此，作为一名教师，需要具备扎实的理论知识，树立良好的师德，以引领学生树立正确的价值观。

教书育人是教师的使命，这是应该时刻铭记的责任。教师要坚持教书与育人相统一，不仅要关注学生的学习成绩，更要关注他们的道德品质和人格发展。教师要以正确的理想信念作为指路明灯，坚持教书育人的理念。只有这样，才能成为合格的教师，为学生做出示范。

教师应将教书育人与自身的修养结合起来。教师的师德师风不仅仅是一种表面的形象，更是内心深处的道德修养。通过不断提升自身的师德修养，能够更好地开展高校思想政治工作，引导学生形成正确的世界观、价值观和人生观。

教师的修身立德和传道育人对学生的发展至关重要。这不仅是教师教书育人使命的体现，也是课程思政的核心。通过正确的教学方式和思想引导，教师可以帮助学生树立正确的世界观和价值观，引导他们积极向上、健康成长。

（二）注重协同育人能力

协同育人是课程思政的基本理念，旨在实现各类课程与思想政治理论课的同向同行，达到协同育人的效果。而教师的协同育人能力，则是实现这一目标的关键所在。教师需要整合和运用各方育人资源，使时间、空间和学科之间实现同向同行，以达到协同育人的效果。

注重教师的协同育人能力，是学校落实“三全育人”理念的充分体现。这使得课程思政可以在全员范围、全方位地渗透于教育教学的全过程。此外，注重协同育人能力也是对“培养全面发展的人”内在逻辑的根本遵循。协同育人的目的在于实现全局式的、整体的育人图景。教师作为学生的“引路人”，作为课程思政建设的“主力军”，其协同育人能力是突破困境的关键所在。

基于课程思政的教师发展评价，注重教师协同育人能力的价值导向，对于课程思政评价体系的建设具有重要意义。这将有助于教师在协同育人方面的提升，并为学校的育人目标实现提供有效的指导和保障。

二、课程思政教师评价的主要内容

（一）教师综合素质

1. 师德

师德作为教师综合素质评价的核心内容，其重要性不可忽视。师德评价的首要考量是教师的立德树人意识，因为这直接影响教师的课程思政工作。教师的立德树人意识在课程思政工作中具有引领作用。立德树人意识是指教师本身具备的道德修养、责任意识和理想信念。一个教师是否具备立德树人意识直接关系到他对学生的价值引领和道德规范教育的实施。只有具备了正确的立德树人意识，教师才能真正成为学生良好道德品质的榜样。

课程思政评价体系应该能够反映教师的师德践行情况，并制定科学综合的师德评价标准，作为教师职业评价的首要指标。通过对教师师德的评价，能够全面了解教师在教学中的德育工作是否到位，对学生的道德教育是否起到应有的引导作用。这样不仅可以增强教师的师德意识，还可以为教育部门提供有效的师德培训和教育策略。

2. 综合能力

教师的教育教学能力是评价教师综合素质的关键之一，同时，它也决定了教师是否具备有效地传递知识和培养学生的能力。因此，教师评价应重点关注教师的教育教学实践能力，包括课堂管理能力、教学方法的灵活运用、学生个性化辅导能力等。

课程思政体系中的教师评价关键是其综合能力的评价。学科素养和信息素养是教师评价的重要组成部分，他们决定了教师是否具备教授学科知识的能力和教育教学中的信息获取、处理能力。而自主发展能力则体现了教师对于教育教学知识和技能的不断追求和提升，以及自我反思和自我发展的意识。

教师的综合素质是一个有机整体，其中，师德与教育教学能力是不可分割的。师德对于教师而言是最基本的要求，教师需要具备良好的道德品质和职业道德。而教育教学的实践能力则决定了教师能否将其师德融入教育教学中，并通过教学实践更好地塑造学生的品性和个性。

教师的人格魅力、情怀以及能力共同发挥着育人作用。教师是学生的榜样和引路人，其人格魅力和情怀会对学生产生影响，激发学生的学习动力和积极性。而教师的能力则决定了他们能否有效地引导学生，将知识传授给学生。

在课程思政的教师发展评价中，需要真实有效地进行系统性的教师综合素质评价。这包括评价教师的学科素养、信息素养、教育教学实践能力以及自主发展能力等方面。评价的结果应该客观真实，能够帮助教师发现自身的优、劣势，并提供相应的培训与发展机会。

（二）课堂教学过程

教师的课堂教学评价是衡量其综合素质和育人能力的重要方式。特别是在课程思政的视角下，评价更侧重于教书育人的使命和特殊性。评价教师的课堂教学过程需要关注教师的专业能力和水平。而基于课程思政的教师评价则需要彰显其思政特色，即以培养学生正确的人生观、价值观和世界观为目标，并在教学中体现出来。

因此，评价教师的课堂教学应融入课程思政的元素，与学生的内在需求和思想实际相连接。这意味着教师在教学中要注重培养学生的思想品德和社会责任感，并通过课堂教学展现自己对思政内容的理解和传递。评价可以以学生的思政素养为重点，通过观察学生的言行举止、参与讨论的积极性，以及对课程内容的理解程度等来评价教师的教学效果。

此外，评价教师的课堂教学还应考虑评价的多样性和全面性。除了传统的学生评价和教师自我评价外，可以引入同行评价、家长评价和专家评价等不同的评价方式，以更全面地反映教师的教学水平和思政工作的质量。

（三）协同育人举措

1. 基于目标协同的育人举措

思政教育是高校教育的重要组成部分，它在培养学生的社会主义核心价值观、人文精神、创新创业能力方面起着至关重要的作用，为了有效实施课程思政，教师需要将其育人目标与各学段、学科的课程目标进行整合。

首先，教师需要深入理解和把握课程思政的育人目标，通过研究、教学实践，将其与不同学段、学科的课程目标有机结合起来。这样，既是对课程思政理念的贯彻，也可以更好地实现全面育人目标。

其次，教师在协同育人的过程中应充分把握教育教学的整体环节，确保不同教学环节之间的内在联系与衔接。教师应合理安排教学内容，从学生的过去和未来出发，将课程思政元素与学生的学习实践活动相结合，使学生能够真正理解和领会思政课程的精髓。

最后，在评价教师协同育人的举措时，需要关注目标设定是否科学合理，是否能与课程思政理念结合。评价教师的教育教学成果时，不仅应考虑他们在教学过程中是否能够实现学科知识的传授，还要关注他们是否能够贯彻课程思政的社会主义核心价值观，培养学生的综合素质和创新能力。

2. 基于内容协同的育人举措

高校课程作为促进人才全面发展的重要手段，是实现教师协同育人的有效手段。要实现课程思政的育人任务，就要进一步加深和丰富现有的课程思政内容；拓展课程内容的广度，强化学科间的协作，提高学生的知识迁移能力和品格形成的稳定性。

教师协同育人要求教师积极将一切可以利用的资源整合起来，建立综合、有机的课程思政系统。如，可以构建思想政治理论课的沟通平台，在此基础上开展教学与教研活动，构建内容丰富多彩的思想政治教育共享资料库，实现各个领域的资源共享。要实现高质量的教育资源共享，还可以采用现代化的信息技术。

通过内容协作的方式来评价教师协作育人的措施，既可以体现出老师对教育工作的认识水平，又可以体现出他们在教育教学方面的实际能力和创造力。在这种情况下，才能促使教师不断提升自己的能力，从而更好地履行教师育人的使命。

3. 基于方法协同的育人举措

约翰·杜威在他的著作《民主主义与教育》中强调了方法的重要性，并认为方法能够引导学科内容向着目标前进。在当前的课程思政的背景下，任何有助于立德树人任务完成的方法都可以作为协同育人的重要手段。

基于方法协同的育人举措与目标协同和内容协同的育人举措是一脉相承的。通过各种协同的育人举措，可以形成更为综合和完善的教育体系，使学生能够全面发展和成长。从全员育人的角度上看，教师的协同育人举措指向了课程思政对教师的要求。教师需要与上下年级的教师、各学科的教师同舟共济，形成育人合力。这种合作不仅仅是在课堂上，更是在教研活动、教学设计等方面的深入协作。在其中，课组建设是一种非常重要的协同育人举措，它可以帮助教师提升立德树人的意识和水平。通过课组的协同工作，教师能够更好地汲取他人的经验和智慧，相互借鉴，共同提高。同时，通过联动发力，课程、专业和课组可以形成更强大的育人合力。

对基于方法协同的育人举措进行评价，主要体现在教师的人际交往素养和团队协作能力上。只有教师之间能够良好地合作与沟通，才能真正发挥协同育人的作用。因此，在评价教师的综合素养时，除了教学能力和学科知识，人际交往和团队合作也是需要重视的。

三、课程思政教师评价的基本方法

（一）过程性评价方法

1. 体现对课程思政的教育教学活动的内在逻辑与价值的基本遵循

过程性评价在教育领域中具有重要的作用。首先，它能够揭示教学过程的内在价值。通过对教学过程的评价，可以深入了解教学方法和教学资源的有效性，从而提供改进教学的指导。其次，过程性评价能够即时引领教学过程中的价值生成。通过对教学过程的实时评价，教师可以根据学生的反馈和表现及时调整教学策略，使教学更加有针对性和有效。再次，过程性评价还能优化教师的教学过程。通过评价教学过程中的每个环节和要素，教师可以发现自己教学的不足之处并加以改进，提高教学质量。过程性评价还能促进教书育人与课程思政的质量提升。通过评析教学过程中每个个体、事件和情境对学生学习的促进，可以更好地实现教书育人目标，提高课程思政的效果。此外，过程性评价还具有不可替代的意义。它不仅能评价教学过程，还能指示未来世界的多种可能性。最后，过程性评价还能实现评价对学习活动、教学活动的筹划和意义引领。通过对过程进行评价，可以更好地规划学习和教学活动，提高其意义和效果。

2. 彰显对教师作为生命主体的理性关怀

教师评价是一个复杂而关键的过程，应照顾到教师的主体价值与创造性，避免过于机械、刻板。过程性评价主张内外结合，既注重教师的教学效果和成果，又鼓励教师的创新和探索。同时，运用过程性评价还能够及时发现问题并纠偏，不追求过于标准化和规范化，给予教师更多的发展机会和空间。

过程性评价与课程思政评价理念一脉相承，二者相互促进、相互补充。课程思政评价注重培养学生的思想道德素养和社会责任感，而过程性评价则关注教师在实施课程思政过程中的表现和影响。过程性评价为实施课程思政留下了生成性空间，能够激发教师的思考和创新，促进教学效果的提升。

过程性评价具备诊断、修正、决策与服务的功能，能够通过即时的反馈帮助教师改进教学方法和策略。它不仅仅是对教师的评判，更为教师提供支持和指导，帮助他们不断提升教学水平。同时，过程性评价还能够促进课程思政体系的完善，为教育体系的发展提供良好的反馈和建议。

（二）基于课程思政教师发展评价的过程性评价具体体现

1. 采用过程性评价方法对教师综合素质进行评价

首先，教师的自我过程性评价对于改进、发展和提升教学技能非常有帮助。通过进行自我评价和反思，教师可以深入思考自己的教学方法和策略是否达到预期效果，是否满足学生的需求，不断积累经验并生成实践智慧，从而不断提升自己的教学能力。

其次，过程性评价可以满足学习者的多元能力需求，并促进自主学习能力的发展。过程性评价的特点是强调学生在学习过程中的实际行动和表现，涵盖了学生的思考能力、合作能力和创新能力等多个方面，能够更全面地了解学生的能力和潜力。

最后，过程性评价在教师发展评价中起到了关键的作用，能帮助教师进行自我评估和优化教育教学策略。教师作为学生的引导者和指导者，需要不断提高自身的教学能力和专业素养。过程性评价可以帮助教师了解自己的教学优势和不足，并针对性地制定改进计划和策略，从而提高教学效果。

2. 采用过程性评价方法对教师的课堂教学过程进行评价

有学者提出采用“文本评价+教学观察+客户评价”的评价模式①。其中，文本评价涉及对课堂教学设计、学科内容与思想政治教育的结合程度和难度进行评价，同时也包括对学生作业、教学反思等的系统评价。教学观察则注重从动态视角出发，关注影响课程思政生成的因素，并为教师提供更为细致、全面的教学反馈。客户评价则主要基于学生体验、获得感受，评价课程思政教学效果。这三种评价方式的有机结合使得教师评价贯穿于整个课程思政过程中。

在实践中，评价可以由教师自评或他评完成。教师可以基于单次教学或整个教育教学过程进行自评。而他评可以是由组织或学生进行评价，使用的评价方法则可以包括课程思政教学档案记录法、教学观察法等。

3. 采用过程性评价方法对教师的协同育人措施进行评价

教师协同育人是一个涉及多样化育人主体和育人场景的过程，需要教师具备卓越的沟通协调能力。为了评价的效果，评价方式应以质性评价为主，并结合庄子的评价思想，采用多元主体评价的方式。

教师需要与学校其他学科教师、学生家长、社会机构等建立良好合作关系，形成一个积极学习先进教学理念的团队。这种合作关系有助于教师

① 张震，慕怀琴. 示范、协作与评价：思政课教师在课程思政建设中的价值归属［J］. 西安：西部学刊，2023，(07)：84—88.

更好地开展协同育人工作，将不同的资源和观点整合起来，提高育人效果。美国首席州立学校官员理事会认为，教师应与学生和更广泛的社区人士进行交流协作。通过这样的交流，教师能够更好地了解学生的需求和社区的特点，协同育人的举措能更加贴近实际，使教育更加有针对性和有效性。

教师协同育人举措的评价需要相关主体的参与。考虑到该举措涉及的育人主体广泛且具有不确定性，评价方式应以质性评价为主。通过多种评价手段，如观察、案例分析等，收集教师协同育人工作的实际情况，从而得出更真实、客观的评价结果。

庄子的评价思想为反思立德树人的教育评价提供了借鉴。教师协同育人的评价应该是动态的、开放的、注重人文关怀的。只有在评价过程中关注教师的实际行动和育人效果，才能更好地发现问题、改进方法，进一步提高教育质量。

过程性评价贯穿于整个评价过程，并且遵循了“循证—评价—反思—创新—再评价”的路线。过程性评价的主要目的是推动教师不断认知和实践，提高自身素质和育人能力。通过过程性评价，教师可以实时了解到自己在教学中的表现，通过反思和创新，改进自己的教学方法和策略。

过程性评价不仅仅是评价教师的教学水平，更重要的是通过发挥针对、修正和决策服务功能，促进课程思政在课程体系中的渗透与实施。通过过程性评价，教师可以及时发现学生的学习状况和困难，有针对性地进行教学调整，提高学生的学习效果和综合素质。

过程性评价是教育教学质量提升的关键保障，也是对新时代教育评价改革和立德树人任务的有效回应。通过过程性评价，可以建立起动态的教学评价体系，不再依赖于传统的考试评价。这样可以更加全面、客观地评价教师的教学效果，提高教育教学质量，培养学生的创新精神和实践能力。

综上所述，基于课程思政的课堂教学评价、学生发展评价和教师发展评价极为重要，三者的有机结合构成了课程思政评价体系，为课程建设提供了保障。在当今高等教育的发展中，课程思政的重要性不言而喻。构建科学有效的课程思政评价体系不仅可以对课程思政教育的成效进行检验和评估，还能促进其他学科课程的质量保证。课程思政评价体系的建立不仅是对课程思政的认可，更是对教育评价的改革和发展的重要要求。

构建课程思政评价体系顺应了教育评价改革的潮流。教育评价改革追求多元化的评价方式和方法，以发展学生的全面素质为评价目标。课程思政评价体系不仅能够满足教育评价改革的要求，同时也能突出课程思政的本质特色，即以立德树人为核心，培养学生的思想道德、文化素养和社会责任感。构建课程思政评价体系还能够推动学校育人评价理念与方式的变革。作为立德树人的根本任务，课程思政评价体系的建立可以促使学校从单纯以分数和考试成绩评价学生转变为更关注学生全面发展和素质提升的评价方式。同时，也能够激励教师的专业发展和教育教学改进，让教师在课程思政教育中发挥更大的作用。

参考文献

1. 何宗元. 新时代思想政治教育协同育人原理与实践研究［M］. 北京：企业管理出版社，2021.

2. 李薇，沈大明. 多重视域下课程思政研究［M］. 北京：中国轻工业出版社，2022.

3. 方建斌. 新时代高校课程思政的理论与实践［M］. 西安：西北大学出版社，2021.

4. 范卿泽. 课程思政理论与实践［M］. 北京：人民教育出版社，2022.

5. 陈华栋. 课程思政［M］. 上海：上海交通大学出版社，2020.

6. 张中卫. 思政课程与课程思政教学案例选编［M］. 北京：中国传媒大学出版社，2023.

7. 郎旭. 高校“课程思政”实践研究［M］. 沈阳：辽宁人民出版社，2023.

8. 刘莉莉. 课程思政研究与改革实践［M］. 北京：北京航空航天大学出版社，2022.

9. 蒋瑛，邓常春. 高校课程思政的思考与探索［M］.

成都：四川大学出版社，2022.

10. 张浩. 国际中文本科教育课程思政案例［M］. 北京：北京理工大学出版社，2023.

11. 严璨. 课程思政视域下的哲学教育［M］. 武汉：武汉大学出版社，2023.

12. 张娇. 课程思政育人实效性研究［M］. 北京：中国纺织出版社，2022.

13. 陆官虎. 高校课程思政工作建设研究［M］. 长春：吉林大学出版社，2022.

14. 叶琦. 高校课程思政理论与实践探索［M］. 哈尔滨：北方文艺出版社，2022.

15. 王诗渊. 高校课程思政与思政课程协同育人问题研究［M］. 贵阳：贵州大学出版社，2022.

16. 刘锦峰. 高职课程思政建设研究与实践［M］. 合肥：合肥工业大学出版社，2022.

17. 文学禹，韩玉玲. 高校课程思政体系构建与路径研究［M］. 长春：吉林人民出版社，2021.

18. 李盛基，曾水英. 新时代高校课程思政教育的影响因素及引导策略［M］. 哈尔滨：哈尔滨工程大学出版社，2022.

19. 马建辉，张明新. 新文科背景下专业课程思政教学指南［M］. 武汉：华中科技大学出版社，2022.

20. 吕云涛. 从理念到实践：当代高校课程思政路径探索［M］. 长春：吉林大学出版社，2022.